요점만 말하는 책

GET TO THE POINT!
copyrights ⓒ 2017 Joel Schwartzberg
All rights reserved.

Korean translation copyright ⓒ 2018 by UKNOWBOOKS
Korean translation rights arranged with Berrett-Koehler Publishers
through EYA(Eric Yang Agency)

이 책의 한국어판 저작권은 EYA(Eric Yang Agency)를 통한
Berrett-Koehler Publishers 사와의 독점 계약으로
유노북스가 소유합니다.
저작권법에 의하여 한국 내에서 보호를 받는 저작물이므로
무단전재 및 복제를 금합니다.

요점만 말하는 책

핵심만 콕 짚어 강력하게 말하는 법

조엘 슈월츠버그 지음 | 곽성혜 옮김

유노북스

막연한 생각을 들고 내게로 왔다가

날카로운 요점을 들고 떠난

수백 명의 학생에게 이 책을 바친다.

들어가는 말 ●

　내가 처음으로 사람들 앞에 서서 공식적인 연설을 한 것은 초등학교 6학년 때다. 웅변대회였다. 나는 스리피스 정장에 폭이 넓은 넥타이까지 갖춰 맸다. 말할 주제는 '중성자탄'이었다. 방사능을 이용해 건물 파괴는 최소화하고 인명 살상만 최대화하도록 만든, 지금은 한물간 무기다.

　나도 안다, 11살짜리들이 어떤 주제에 열광하는지. 진행자에게 무엇에 대해 이야기할 거냐고 질문을 받았을 때 나는 이렇게만 말했다.

"중성자탄이요."

내 연설은 전형적인 독후감이었다. 호기롭게 '폭탄' 운운하면서 관련 정보를 줄줄이 늘어놨지만 주제에 관한 내 입장은 전혀 들어 있지 않았다.

나는 그날의 연설을 자주 떠올린다. 그 연설은 이후 11년 동안이나 이어지게 될 내 가슴 뛰는 웅변대회 인생의 서막이었다. 하지만 그보다는 거기에서 공적인 의사소통을 할 때 사람들이 저지르는 가장 큰 실수, 즉 정보만 공유하고 요점을 피력하지 않은 실수를 여실히 보여 줬기 때문이다.

많은 학생과 수강 고객에게서 어렸을 적 내 모습을 본다. 그 사람들은 집에서, 학교에서, 회사에서 매번 중요하게 전달해야 할 메시지가 있다. 그러면서도 단순히 '누가, 어디에서, 무엇을'로 구성된 독후감을 읊거나 뚜렷한 방향도 없이 그저 장황한 말만 늘어놓는다.

이런 사람들은 영업 사원이면서 이렇게 말하지 않는다.

"이 상품이 당신의 수익을 높여 줄 겁니다."

사회 운동가면서 이렇게 말하지 않는다.
"이 방법이 생명을 살릴 거예요."

디자이너면서 이렇게 말하지 않는다.
"이 스타일이 관심을 불러일으킬 거예요."

또는 회사 경영자면서 이렇게 말하지 않는다.
"이 시스템이 회사의 효율성을 높일 겁니다."

이런 문제를 교육 시스템이나 미디어, 심지어 양육 방식 탓으로 돌릴 수도 있을 것이다. 하지만 나는 사람들이 왜 말은 너무 많이 하면서도 요점은 너무 적게 밝히는지는 별로 관심이 없다. 그보다 사람들이 자기의 요점을 찾아내 성공적으로 전달하도록 돕는 일에 훨씬 관심이 많다.

내가 마지막으로 나간 웅변대회는 1990년에 열린 전국 대회였다. 그때까지, 그리고 그 이후로도 끊임없이 배웠다. 내가 누구든, 어떤 방식으로 누구와 소통하든 요점을 갖추면 어마어마하게 유리해진다는 점을 말이다. 어쨌든 요점이 없으면 내가 하는 모든 말이 횡설수설일 뿐이니까.

당신만의 요점을 당신보다 잘 정리할 자격이나 자질을 갖춘 사람은 없다. 이 책이 당신이 생각을 효과적으로 피력하는 능력을 높이는 데 도움이 되기를 바란다.

들어가는 말 • 006

1. 내 말을 못 알아 듣겠다고요? • 012
2. 요점 제대로 아는 법 • 020
3. 요점 전달하는 법 • 058
4. 팔리는 요점 만드는 법 • 070
5. 내 생각을 지키는 법 • 086

6 요점 강화법 • **096**

7 요점 완성하는 법 • **128**

8 요점의 원수 다섯 가지 • **140**

9 실전 시나리오 • **162**

나가는 말 • **221**

단순하게 설명할 수 없다면 아직 잘 모르는 것이다.

알버트 아인슈타인 Albert Einstein

1

내 말을
못 알아 듣겠다고요?

문제는
무엇인가?

나는 10년 넘게 전략적 커뮤니케이션 강사를 했다. 그동안 일하면서 발표자들의 프레젠테이션에서 다른 무엇보다 드러나는 치명적인 결함 한 가지를 자주 목격해 왔다. 이 결함은 사람들이 그토록 긴장하고 횡설수설하다가 결국 발표가 완전히 망해 버리는 원인이다. 그런데도 발표자 대다수가 이 점이 자신의 발표를 망치고 있다는 사실을 까맣게 모른다. 대체 무엇일까?

바로 '요점이 없다'는 것이다.

사람들은 자신이 요점이라고 생각하는 무언가를 가지고는 있지만, 실제로 보면 그 무언가는 요점에 훨씬 못 미치는 요소들이다.

핵심은 이렇다.

- ☑ 요점을 정리하기 위해서는 요점이 있어야 한다
- ☑ 요점을 팔기 위해서는 요점이 있어야 한다
- ☑ 요점을 고수하기 위해서는 요점이 있어야 한다

많은 글이 대중 앞에서 말하기에 관해 피상적으로 충고한다.

"요점을 명확히 밝혀라."

"주제를 벗어나지 마라."

하지만 이게 전부다. 나는 원활하게 의사소통하는 법에 대해 결정적인 마지막 조각까지 모두 찾아서 조언해 주는 글을 어디에서도 본 적이 없다. 실질적인 요점을 정리해 내는 법과 그것을 효과적으로 전달하는 법에는 다들 말이 없는 것이다. 이는 의사가 그저 '잘 챙겨 먹으세요'라고 말하고서 계산서를 내미는 경우와 다를 바 없다. 부디 당신에게 그렇게 말해도 건강하시기를.

아무튼 이렇게 의미 없는 일도 없다. 요점이 없으면 말을 하면서도 자기가 무슨 말을 하는지 모르기 때문이다. 결국 당신이 마주하게 되는 것, 그리고 지금도 우리가 다양한 상황에서 자주 확인하는 것은 무엇일까?

발표를 하는 사람은 너무나 많은데 요점을 밝히는 사람은 많지 않다는 현실이다.

일단 요점을 갖추면 발표자가 그 다음에 해야 할

가장 중요한 임무는 그 요점을 제대로 전달하는 일이다. 여기에서 '제대로'는 무슨 뜻일까? 간단하다. 상대방이 요점이 받아들이면 성공이다. 받아들이지 못하면 실패다. 다른 무슨 대단한 인상을 남겼든지 간에 말이다.

지금 당신은 이 글을 읽으면서 아마 빼곡한 청중 앞에서 이야기하는 전형적인 대중 연설가를 떠올릴 것이다. 하지만 '요점'은 그런 연설가에게뿐 아니라 당신이 하는 모든 의사소통에 항상 잠재돼 있다. 콘퍼런스에서 기조연설을 하든, 월요일 회의 때 현황 보고를 하든, 부모나 상사에게 말을 하든, 또는 이메일을 쓰거나 파워포인트를 작성하든.

진정한 요점을 갖추는 일은 당신이 그 상호 작용에서 가장 원하는 것을 얻어 내는 데 없어서는 안 될 결정적인 역할을 한다.

이 책에는 요점을 찾아내고, 공고하게 만들고, 고수하는 법, 그리고 그 요점을 성공적으로 관철시키는 법이 담겼다. 더불어 발표 불안을 극복하는 방법과 다른 사람에게 요점을 정리해 말하는 기술을 알려 주는 법도 들어 있다. 그래서 당신이 다양한 의사소통의 순간순간에서 이 책을 최대한 활용할 수 있게 도울 것이다.

물론 요점이 필요하다는 사실을 알아봤자 요점이 대체 뭔지 알지 못하면 아무 소용이 없다. 그런데 안타깝게도 사람들 대다수가 요점이 뭔지 모른다. 자, 기본부터 시작하자. 어느 유명한 문장에서부터.

"나는 생각한다."

나는 비폭력의 진실과 무조건적인 사랑이 이 땅에서 결국 승리할 것이라고 생각한다.

마틴 루터 킹 주니어 Martin Luther King Jr.

2

요점 제대로 아는 법

무엇이
중요한가?

　요점이 대체 뭔지 아무것도 모르는 사람은 없다. 어쨌든 우리는 항상 요점을 들먹이니까.

"요점을 말해!"

"그래서 요점이 뭔데?"

"제발 요점에서 벗어나지 좀 마."

　이렇게 말하면서도 사람들은 걸핏하면 요점을 다른 뭔가와 혼동한다. 이를테면 소재, 주제, 제목, 표어, 생각 따위다.

우리는 단순히 '공급측 경제학에 관한 이야기'나 '스포츠에 열광하면 좋은 점' 혹은 '새어머니의 역할', 또는 '코스타리카에서 보낸 여름 휴가 이야기'가 훌륭한 발표가 될 수 있다고 생각한다.

하지만 이 중에서 '진짜 요점'은 하나도 없다.

한 초등학생이 미국 혁명에 관한 역사 보고서를 썼다고 해 보자. 요점이 뭐냐고 물으면 아이는 '미국 혁명에 관한 글'이라고 대답할 것이다.

이것은 소재다.

아이는 '조지 워싱턴과 미국의 건국자들에 관한 글'이라고 대답할지도 모른다.

이것은 제목이다.

어쩌면 '미국 역사 속에 드러난 투지의 역할'에 관해 썼다고 말할 수 있다.

이것은 주제다.

요점은 고유한 것이다.

요점은 당신만이 제기하고 주장하고 옹호하고 실례를 들어 증명할 수 있는 견해다.

요점으로는 견해의 가치와 목적을 명확하게 밝힐 수 있다. 또한 요점은 효과를 극대화하기 위해 단지 공유하거나 설명하고 끝나는 것이 아니다. 확실하게 관철돼야 한다.

그래서 진짜 요점은 어떻게 생겼을까? 이렇게 생겼다.

- **정치가의 요점**

"나의 계획안은 중산층의 내 집 마련 기회를 확대해 줄 것이다."

- **CEO의 요점**

"이번 연구 개발 투자로 우리 회사는 시장에서 계속 안정적인 위치를 점할 수 있게 될 것이다."

- **공급 업체의 요점**

"우리만의 고유한 서비스는 당신에게 더 큰 수익을 안겨 줄 것이다."

- **사회활동가의 요점**

"이 운동은 생명을 살릴 것이다."

- **구직 면접자의 요점**

"나는 부서의 목표를 달성하도록 도울 것이다."

- **엄마의 요점**

"지금 그 돈을 절약하는 것은 네가 나중에 더 큰 뭔가를 살 수 있게 된다는 뜻이다."

당신이 진짜 요점을 갖췄는지 확실하게 파악하는 방법이 있다. 간단한 3단계 테스트를 거친 뒤 요점을 강화하는 두 가지 방법을 적용해 보는 것이다. 이렇게 하면 없던 요점을 성공적으로 만들어 낼 수 있다.

☑ 1단계. '나는 생각한다' 테스트
☑ 2단계. '그래서 뭐' 테스트
☑ 3단계. '왜' 테스트

☑ 요점 강화법 1. 끝이 갈라지지 않게 한다
☑ 요점 강화법 2. 제안을 덧붙인다

이 단계야말로 이 책의 가장 중요한 알짬이다. 그러니 형광펜을 꺼내 들고 당신이 말할 요점과 하위 요점들에 실제로 적용해 보기를 권한다. 이 전략을 배우는 최선은 당장 활용하는 것이다.

1단계.
'나는 생각한다' 테스트

이 단계는 통과하거나 낙제하는 테스트다.

당신이 말할 요점이 이 문구를 온전한 문장으로 완성할 수 있는가?

"나는 _____ 라고 생각한다."

가령 이렇게는 말할 수 없다.

"나는 미국독립혁명이라고 생각한다."

"나는 조지 워싱턴과 미국의 건국자들이라고 생각한다."
"나는 미국 역사 속에 드러난 투지의 역할이라고 생각한다."

이런 문장들은 비문이고 온전한 문장이 아니어서 당신이 초등 5학년이라도 담임 선생님이 좋아하지 않을 것이다.

하지만 이렇게 말할 수는 있다.
"나는 미국독립혁명이 우리나라에 불굴의 민주주의 정신을 심어 줬다고 생각한다."

어른의 세계에 걸맞은 예시들을 더 살펴보자.

이렇게는 말할 수 없다.
"나는 IT 업계의 혁신이라고 생각한다."

이렇게는 된다.

"나는 IT 업계의 혁신이 우리를 더욱 효율적으로 만들어 줄 것이라고 생각한다."

이렇게는 안 된다.

"나는 소득 불평등이라고 생각한다."

이렇게는 된다.

"나는 소득 불평등이 미국이 풀어야 할 가장 심각한 국가적 난제라고 생각한다."

이렇게는 안 된다.

"나는 사회 기반 시설에 투자해야 한다고 생각한다."

이렇게는 된다.

"나는 사회 기반 시설에 투자하는 것이 미래에 대비하는 최선의 방법이라고 생각한다."

어떤가? 당신이 평소에 직장 동료나 상사, 또는 잠재적 고객에게 자주 전달하거나 전달할 만한 요점을 이용해 지금 바로 이 테스트를 시험해 보기를 바란다. 그런 다음 당신이 요점이라고 생각했던 것이 정말로 요점이 맞는지 확인해 보라.

당신의 요점이 1단계 '나는 생각한다' 테스트를 통과했다면 테스트 2단계로 넘어가도 좋다. 아직 석연치 않다면 '나는 생각한다' 문장이 문법적으로 탄탄해질 때까지 좀 더 고민해야 한다.

참고가 필요하다면 이 책의 장章 사이마다 있는 '나는 생각한다' 문장들을 읽어 보라.

2단계.
'그래서 뭐' 테스트

'그래서 뭐' 테스트는 '나는 생각한다' 테스트를 통과했지만 중대한 발표의 기반으로 삼기에 너무 피상적일 만한 요점들을 걸러내 준다. 이런 빈약한 요점들은 대개 진부한 말이다. 진부한 말이라는 것은 논쟁할 여지가 없는 진실이다. 이를테면,

'세계 평화는 좋다.'

'아이스크림은 맛있다.'

이런 말들은 굳이 따로 제안할 이유가 없다.

그래서 이 단계는 '누가 몰라' 테스트로 불러도 괜찮겠다. 당신의 요점이 너무 피상적이거나 진부한지 알아보려면 두 가지 질문을 던져 보라.

- ☑ 합리적인 반론이 제기될 수 있을까?
- ☑ 내가 이 요점을 옹호하는 데 1분 이상 걸릴까?

앞서 제시한 예시들을 좀 더 요점에 충실한 문장으로 보완하면 이런 식이 될 수 있다.

'유엔은 세계 평화를 지키는 데 없어서는 안 될 중요한 기구다.'

'아이스크림은 언제나 얼린 요구르트보다 훌륭한 디저트다.'

이 두 문장은 논리와 데이터, 사례 연구를 동원해 주장할 수 있는 요점이다.

피상적인 주장과 실질적인 주장을 구별할 줄 아는

능력은 의미 있는 요점을 만들어 내는 데 매우 중요하다.

• **요점 만들기 1**

2016년 선거

→ 요점이 아니다.

('나는 생각한다' 테스트에서 떨어지니까.)

2016년 선거는 엄청난 화젯거리였다.

→ 요점이 아니다.

('나는 생각한다' 테스트는 통과하지만 너무 피상적이니까. 반론의 여지도 없고.)

2016년 선거는 대통령 출마에 관한 기존의 원칙을 바꿨다.

→ 요점!

('나는 생각한다' 테스트도 통과하고, 사실로 입증하기 위

한 분석도 필요하다.)

● **요점 만들기 2**

페이스북의 새로운 개인 정보 보호 기능

→ 요점이 아니다.

('나는 생각한다' 테스트에서 떨어지니까.)

페이스북은 이번에 새로운 개인 정보 보호 기능을 갖췄다.

→ 요점이 아니다.

('나는 생각한다' 테스트를 통과하지만 자명한 사실이니까.)

페이스북의 새로운 개인 정보 보호 기능은 사용자를 상당한 수준으로 보호한다.

→ 요점!

('나는 생각한다' 테스트도 통과하고, 논쟁을 벌여 볼 만하다.)

요점을 강조하면 공적인 의사소통은 거의 모두, 사적인 대화도 대부분 그 질적 수준을 높일 수 있다. 예전에 한 학생은 이 점으로 내게 이의를 제기한 적이 있다. 발표자를 소개하거나 청중에게 그저 환영 인사를 건네는 사회자는 요점이 없지 않느냐는 이야기였다.

물론 이렇게 말하면 요점이 아니다.
"발표자 사만다를 소개합니다."

하지만 이렇게 말하면?
"발표자 사만다의 견해는 우리가 더욱 유능한 프로젝트 관리자가 될 수 있게 도울 것입니다."
요점이다.

또 이렇게 말하면 요점이 아니다.
"안녕하세요, 반갑습니다!"

하지만 이렇게 말하면?

"이 콘퍼런스에서 배우게 될 내용이 여러분의 인적 자원을 관리하는 방식을 더욱 효율적으로 개선해 줄 것입니다."

분명 요점이다.

지금쯤이면 당신도 쓸 만하고 실질적인 요점을 갖췄을 것이다. 그 요점을 HB 연필의 뾰족한 끝이라고 상상하라. 그리고 스스로에게 이렇게 물어라.

'이게 더 이상 뾰족할 수 없을 만큼 뾰족한 걸까?'

이 질문의 답변은 3단계에서 나온다.

3단계.
'왜' 테스트

'왜' 테스트는 의미 없는 형용사, 즉 '나쁜 형용사'를 쓰지 않도록 거르는 데 매우 중요하다. 나쁜 형용사는 의미가 두루뭉술한 어휘로, 요점에 사족만 늘릴 뿐이다.

두 세로줄에 속한 형용사들을 비교해 보자.

1	2
탁월하다	시급하다
훌륭하다	유익하다
멋지다	효율적이다
놀랍다	참신하다
좋다	활기차다

왼쪽 형용사들은 오른쪽과 비교하면 사실상 아무 의미가 없다. 뭔가를 훌륭하다거나 좋다고 말할 때 거기에는 정도나 이유, 또는 구체적인 의미가 거의 내포되지 않기 때문이다. 그런데도 연설이나 보고서, 그리고 적잖은 트윗조차 나쁜 형용사로 가득 차는 경우가 비일비재하다.

만일 당신이 나쁜 형용사를 쓰고 있거나 쓴다는 의심이 들면 우선 완성된 요점을 큰 소리로 말해 보기를 바란다. 그런 다음 이렇게 자문하라.

"왜?"

그리고 스스로 대답한다.

● 이유 만들기 1

나는 소셜 미디어 관리자를 고용하는 것이 중요하다고 생각한다.

(왜?)

소셜 미디어 관리자가 있으면 우리 상품에 관한 긍정적인 입소문을 내는 데 도움이 되기 때문이다.

이제 나쁜 형용사 '중요하다'를 빼자. 그리고 맨 처음 부분('소셜 미디어 관리자를 고용하는 것')을 곧바로 마지막 부분('우리 상품에 관한 긍정적인 입소문을 내는 데 도움이 된다')과 연결한다. 이렇게.

→ 나는 소셜 미디어 관리자를 고용하는 것이 우리 상품에 관한 긍정적인 입소문을 내는 데 도움이 된다고 생각한다.

● 이유 만들기 2

나는 우리 마케팅 전략이 빈약하다고 생각한다.

(왜?)

왜냐하면 제품 편익에만 지나치게 집중하고 고객의 욕구는 충분히 고려하지 않기 때문이다.

이유 만들기 1과 마찬가지로 나쁜 형용사 '빈약하다'를 빼고 맨 처음 부분을 곧바로 마지막 부분과 연결한다.

→ 나는 우리 마케팅 전략이 제품 편익에만 지나치게 집중하고 고객의 욕구는 충분히 고려하지 않는다고 생각한다.

발표 자료를 계속 검토해 나쁜 형용사를 걸러 내고 그 자리를 더욱 의미가 뚜렷한 형용사로 채워라. 이보다 더 나은 방법은 형용사를 일절 사용하지 않고 오직 실례로 요점을 만드는 것이다.

● 요점 강화

안 좋은 요점:

이 프로토콜을 도입하면 우리 회사에 아주 좋을 것이다.

좋은 요점:

이 프로토콜을 도입하면 우리 회사에 큰 이익이 될 것이다.

더 나은 요점:

이 프로토콜을 도입하면 우리 사업이 더욱 효율적으로 운영될 것이다.

모두 요점이기는 하지만 어느 것이 가장 설득력 있어 보이는가?

나쁜 형용사를 쓰는 것은 어린이 야구단 코치가

"조니야, 잘해!"라고 말하는 것과 같다. 이와 달리 말한다면 어떻겠는가?

"조니야, 공이 날아올 때 거기서 눈을 떼지 말고 똑바로 봐!"

앞의 말은 거의 아무런 의미가 없는 반면, 뒤엣것은 유용한 요점을 전달한다.

기억하라. 당신의 목표는 요점의 응원 단장이 되는 게 아니라, 요점의 챔피언이 되는 것이다.

요점 강화 1.
끝이 갈라지지 않게 하라

발표자들은 종종 갈라진 모발처럼 끝을 갈라 한 문장에 요점을 두 가지 이상 슬쩍 끼워 넣는다. 이런 식이다.

• **끝이 갈라진 문장**

나는 파일을 클라우드로 옮기면 ① 우리의 탄소 발자국이 개선되고, ② 일의 효율성이 높아진다고 생각한다.

만일 당신의 요점이 갈라진 모발 때문에 고생하는 중이라면 아무리 샴푸를 바꿔 봐야 소용이 없다. 두 가지 주장을 욱여넣어서 어떤 대단한 이점이 생기든 결국 각각의 효과가 반감된다. 그래서 두 번이나 실패하는 꼴이다. 그럴 때 청중은 어느 주장이 더 중요한지 판단할 아무런 단서도 제시받지 못한다. 뿐만 아니라 주의를 여러 요점으로 분산시켜야 한다.

발표자는 주제의 목적과 청중이 크게 관심을 두는 분야를 토대로 가장 강력한 논거를 찾아내야 한다.
'일의 효율성이 높아진다.'
'우리의 탄소 발자국이 개선된다.'

예시에서는 전자가 후자보다 더 강력한 논거일 공산이 크다. '효율성'은 비용 절감, 생산성과 수익 증가를 뜻하는 반면 '탄소 발자국'은 대개 특정 환경 문제에만 연결되기 때문이다. 물론 환경 관련 콘퍼런스에서 발표하는 중이라면 우선순위를 뒤집어야겠지만 말이다.

　어떤 명확한 논거를 선택하든 기억할 것은 요점에서 세부 하나를 빼더라도 그것을 꼭 발표 자체에서 빼야 하는 것은 아니라는 점이다. 발표를 하다 보면 다양한 요소를 덧붙는 이점이나 고려 사항으로 포함할 기회가 항상 열려 있다. 우선 핵심은 주된 요점에서 주의를 분산시키는 주장 끼워 넣기와 표현들은 삼가야 한다는 점이다.

요점 강화 2.
제안을 덧붙여라

　많은 경우 제안을 덧붙이면 요점이 튼튼해진다. 당신의 제안이 가져올 가장 큰 효과는 무엇일까? 비용을 절감하는 방법일 수도 있겠고, 저소득 가정의 아이들이 학교에서 높은 성적을 얻도록 돕는 방법이거나 토스터기를 더 많이 파는 방법, 또는 생명을 살리는 방법일 수도 있겠다. 여기에서 중요한 것은 당신만이 아니라 청중도 그 효과를 실질적인 이점으로 인식해야 한다는 점이다.

1, 2단계 테스트를 통과한 요점들을 살펴보자.

'(나는) 이 조치로 재정 면에서 우리가 더욱 현명한 결정을 내리게 될 것(이라고 생각한다).'

'(나는) 내 교육 방안이 학생들의 시험 성적을 높여 줄 것(이라고 생각한다).'

'(나는) 이 방법이 우리 마케팅의 효율성을 높일 것(이라고 생각한다).'

'(나는) 이 혁신이 병원 운영을 최적화할 것(이라고 생각한다).'

이제 다음 요점들과 비교해 보자.

→ (나는) 이 조치로 우리의 비용이 극적으로 절감될 것(이라고 생각한다).

→ (나는) 내 교육 방안으로 저소득 가정 아이들이 학교에서 우수한 성적을 거둘 것(이라고 생각한다).

→ (나는) 이 방법이 토스터기를 더 많이 팔게 만들 것(이라고 생각한다).

→ (나는) 이 혁신이 더 많은 생명을 구할 것(이라고 생각한다).

너무나 많은 의사소통 상황에서 나오는 말들이 최대한의 효과를 내지 못한다. 만일 당신의 아이디어가 생명을 살릴 수 있고, 평화를 지킬 수 있고, 또는 떼돈을 벌게 해 줄 수 있다면 왜 요점을 관철시키기 위한 마법 같은 표현을 쓰지 않는가?

사람들에게 궁극적인 목표를 납득시키려면 어떻게 해야 할까? 다시 말해 할 일이 적힌 목록과 현황 보고서에 쓴 피상적인 목표 말고, 당신의 희망과 꿈이 겨냥하는 진짜 목표를 관철시키려면 어떻게 해야 할까? 긍정적인 측정치와 단기적인 이득을 넘어서는 곳까지 자신의 생각을 밀고 나가야 한다. 이렇게 하면 청중은 틀림없이 움직인다.

단어에
집착하지 마라

마지막 요령! 단어에 너무 집착하지 마라. 어떤 사람들은 '완벽한 요점'을 작성한 뒤에 그것을 마치 복음이나 최종 확정된 강령쯤으로 여긴다. 이런 전략에는 다소 위험이 따른다. 요점을 피력하는 도중에 작성해 둔 '그 단어'를 까먹으면 어쩔 도리가 없다. 애초에 즉석에서 변통할 여지를 전혀 두지 않아 발표가 산으로 갈 수 있기 때문이다.

의사소통에서 당신이 성취하려는 진짜 목표는 요점을 전달하는 것이지, 단어들의 정확한 배치를 알려주는 게 아니다. 그러니 부담 갖지 말고 어휘를 유연하게 사용하라. 다만 요점을 간결하게 유지하는 것만 유념하면 된다.

이제 실제 상황의 예들을 가져와 여태까지 말한 전략들을 통합해 보자.

● NPR 플레지 드라이브

미국 공영 라디오 방송인 NPR을 자주 듣는 사람이라면 '플레지 드라이브pledge drive'가 언제 또 시작될지 몰라 마음을 졸여 본 경험이 있을 것이다. 플레지 드라이브란 공영 방송이 정규 편성된 방송을 중단하고 청취자들에게 기부를 호소하는 모금 활동 기간을 말한다. 이런 방송은 똑같이 되풀이돼 청취자에게 짜증을 유발하지만 방송국의 재정 목표를 달성하기 위해서는 불가피한 방법이다.

다음은 이 모금 방송이 상대적으로 밋밋한 요점에서 강력하게 구체화된 요점으로 발전하는 과정이다. 그리고 발전을 가능하게 만드는 유인책을 보여 준다.

'당신은 공영 라디오 방송에 기부해야 한다.'
(왜 해야 돼?)
'공영 라디오 방송에 기부하는 일은 중요하다.'
(왜 중요하지?)
'공영 라디오 방송에 기부하는 것은 질 좋은 프로그램을 제작하도록 지원해 주는 일이다.'
(질 좋은 프로그램이 무슨 일을 하는데?)
'공영 라디오 방송에 기부하는 것은 우리가 꼭 알아야 할 중요한 진실을 드러낼 수 있게 도와주는 일이다.'
(후원금을 어디로 보내면 돼?)

→ '당신은 공영 라디오 방송에 기부해야 한다.'

→ '공영 라디오 방송에 기부하는 것은 우리가 꼭 알아야 할 중요한 진실을 드러낼 수 있게 도와주는 일이다.'

두 주장은 파급력 면에서 차이가 있다. 전자는 두루뭉술한 호소인 반면 후자는 시급한 제안이다. 이것이 바로 요점의 힘이다.

● 테일러 스위프트 vs 덴젤 워싱턴

말하는 사람이 자신의 요점을 알 때와 모를 때 결과가 어떻게 달라지는지 한눈에 보고 싶다면 이 슈퍼스타 두 명의 소상 소감을 비교해 보라. 영상은 유튜브에서 쉽게 찾아볼 수 있다.

먼저 테일러 스위프트가 2016년 그래미 어워드에서 올해의 앨범 상을 받고 나서 한 수상 소감의 끝부분을 보자.

"저는 그래미 어워드에서 올해의 앨범 상을 두 번 받은 최초의 여성으로서 모든 젊은 여성에게 해 주고 싶은 말이 있습니다. 살다 보면 여러분의 성공을 깎아내리거나 여러분의 성취 또는 명성을 가로채려 드는 사람들이 생길 거예요. 하지만 여러분이 오직 자신의 일에 집중하고 그런 사람들에게 걸려 넘어지지 않는다면, 언젠가 목표하는 곳에 다다랐을 때 주위를 돌아보면서 여러분을 거기로 데려간 것이 여러분 자신과 여러분을 사랑하는 사람들이었음을 알게 될 거예요. 그리고 그 순간 세상에서 가장 멋진 기분을 느끼게 될 겁니다. 오늘 제게 이 순간을 누릴 수 있게 해 주셔서 고맙습니다."

분명하고 단일한 '나는 생각한다' 요점이다. 가치가 명확하게 드러난 연설이다. 횡설수설하는 법 없이 테일러는 효율적으로 치고 빠진다. 그녀가 이 연설문을 외웠는지 어쨌는지는 모르겠지만 어쨌든 그녀는 자기가 내세우려는 요점을 분명히 알았고 효과적으로 전달했다.

이제 2016년 골든 글로브 시상식에서 덴젤 워싱턴이 명망 높은 세실 B. 드밀 상을 받고서 밝힌 수상 소감과 비교해 보자.

"고맙습니다. 무슨 말을 해야 될지 모르겠군요. 고맙습니다. 자, 앉아 주세요. 좋아요. 고마워요. 고맙습니다. 지금 보고 싶은 사람이 있어요. 우리 제작자, 말콤이요. 말콤은 지금 미국영화연구소에서 논문을 쓰고 있답니다. 맞아요, 말콤이 언젠가 나 다음으로 당신에게도 배역을 줄 거예요. 네, 정말이지 뭘 해야 될지 모르겠네요. 할 말을 다 까먹었어요. 그저 감사드릴 뿐입니다. 할리우드외신기자협회에 감사드려요. 그리고 프레디 필즈, 프레디 필즈를 아시는 분도 계시겠죠. 필즈는 저를 할리우드외신기자협회 만찬에 처음으로 초대해 준 사람입니다. 필즈가 말했어요.

'그들이 영화를 볼 거야. 우리는 식사를 대접할 거고. 그들이 찾아올 거야. 자네는 한 명 한 명과 사진을 찍을 거고. 잡지를 손에 들고 사진을 찍고 나면 골든 글로브 상을 거머쥐는 거지.'

그 해에 저는 상을 거머쥐었습니다. 오랫동안 저를 지지해 주셔서 할리우드외신기자협회 여러분께 감사드려요. 그분들은 항상 저를 친구처럼, 또는 파티의 일원처럼 대해 주셨습니다.

(몇몇 사람에게 더 감사의 말을 전한 뒤)

뭐라고요? 네, 안경이 필요해요. 당신이 맞아요, 이리 오세요. 목록에 또 누가 있죠? 아, 어쨌든. 아니요, 그건 됐어요. 어쨌든 여러분 모두에게 행운이 깃들기를 바랍니다. 참, 제가 가족에게 감사를 안 했나요? 가족에게 감사드리고, 가족에게도 행운이 깃들기를 바랍니다. 감사합니다."

누가 더 힘 있는 연설을 했는지는 하나 마나 한 이야기다. 하지만 테일러의 연설이 덴젤의 연설보다 더 호소력이 있던 이유는 매력이나 자신감, 유머 감각, 연습, 심지어 내용 때문도 아니었다. 바로 요점이 있느냐, 요점을 아느냐, 요점을 잘 전달하느냐의 문제였다.

덴젤을 깎아내리려는 것은 아니다. 그는 살아 있는 훌륭한 배우 중 한 명이고 나는 그가 인간적으로도 괜찮다고 확신하니까. 하지만 당신이 업무와 관련된 자리에서 덴젤처럼 연설했다가는 다시는 사람들 앞에서 발표할 기회를 얻지 못할 공산이 크다.

어떤 견해의 온전한 가치를 전달하는 유일한 방법은 진짜 요점을 만드는 길뿐이다. 질 좋은 화살촉처럼 요점도 예리할수록 더 날카롭게 꿰뚫을 것이다.

나는 훌륭한 저널리즘과 훌륭한 텔레비전이 우리가 사는 세상을 더 나은 곳으로 만들 수 있다고 생각한다.

크리스티안 아만포 Christiane Amanpour

3

요점 전달하는 법

전달에
집중하라

자신의 요점을 아는 것은 중요한 출발선이다. 하지만 이는 전체 과정의 일부에 불과하다. 다음 일부, 즉 요점을 성공적으로 전달하는 단계는 어떨까?

당신의 가장 중요한 임무가 무엇인지, 무엇이 아닌지 명확히 이해하느냐, 그리고 힘 있게 시작할 수 있느냐에 달려 있다.

'의사소통에 능한 사람'의 속성을 생각해 보면 보

통 이런 모습이 떠오른다.

재미있다 / 배울 게 많다 / 웃기다 / 호소력이 있다 / 자신감이 넘친다 / 카리스마가 있다 / 교육적이다 / 흥미진진하다

대중 앞에서 말할 때 어떤 사람들은 이런 특징들을 갖추는 데 온 신경을 집중한다. 그들 내면의 목소리는 이렇게 말하고 있다.

'농담으로 시작해야 돼.'
'이 정보를 빠짐없이 소개해야 돼.'
'반드시 청중의 호응을 받아야 돼.'

이런 자질들은 있으면 좋다. 하지만 성공이나 실패에 미치는 영향은 미미하다. 효과적인 의사소통은 오로지 한 가지 임무에 전적으로 좌우된다.

☑ 요점을 내 머리에서 청중의 머리로 옮기기

이는 일종의 공놀이다. 요점을 넘겨주면 성공한다. 넘겨주지 못하면 아무리 재미있든, 친절하든, 매력적이든, 호감을 사든, 감탄을 자아내든, 박식하든, 인기를 얻든, 실패한다.

당신을 배달원이라고 상상해 보자. 당신이 맡은 일은 배달이다. 즉 요점을 A 지점에서 B 지점으로, 당신의 머리에서 청중의 머리로 옮기는 것뿐이다. 그리고 성공을 가늠하는 유일한 잣대는 '전달이 잘 됐느냐, 아니냐'다. 전달은 너무나 중요하다. 당신이 요점을 잘 전달했는지 알아보려면 청중 가운데 한 명에게 물어 보라.

"제 요점을 이해했나요?"

더 나은 방법은 상대방이 당신의 요점을 정확히 다시 진술할 수 있는지 보는 것이다.

성공을 재는 다른 '전통적인' 방법들도 있다. 찬사,

박수, 웃음, 미소 같은 것이다. 하지만 지표로써는 별 쓸모가 없다. 요점이 제대로 전달됐는지는 말해 주지 않고 그저 당신이 청중의 관심을 얼마나 끌었는지만 보여 주기 때문이다. 이것은 게임 쇼 진행자에게는 유용한 피드백일 테지만 요점을 피력하려는 사람에게는 아니다.

자신에게 주어진 유일하고 구체적인 임무를 알면 긴장도 한결 누그러질 수 있다. 특히 발표자가 자신의 겉모습을 걱정할 때 도움이 많이 된다. 예를 들어 얼마나 초조해 보일지, 또는 얼마나 이상한 외국 억양을 구사할지 따위를 염려할 때다. 요점을 성공적으로 전달하는 일은 겉모습과는 아무 상관이 없다. 오직 요점을 성공적으로 옮기느냐와 관련된 문제기 때문이다. 배달원처럼 물건만 배달하고 앞을 가로막는 장애물은 피해 가라.

힘 있게
시작하라

처음 15초가 매우 중요하다. 15초 안에 청중은 당신의 발표가 흥미로울지, 지루할지 판단할 것이다. 그 짧은 시간 동안 당신이 하는 말은 그 인상을 확정하거나 뒤집을 수 있다.

친구와 동료들은 당신을 응원할 것이다. 경쟁자와 방해꾼들은 당신이 펼치는 논리의 허점을 찾을 것이다. 하지만 양쪽 모두 바람은 같다.

'나를 졸리게 하지 말아 줘.'

좀 더 정확하게 표현하자면,
'중요한 요점만 말해.'

힘 있게 시작하는 방법, 그래서 사람들을 말똥말똥 깨어 있게 만드는 것은 바로 여기에 달려 있다.

☑ **그 중요한 요점으로 얼마나 신속하게 들어가나?**

사람들이 발표할 때 흔하게 꺼내는 첫마디가 무엇일까?

'안녕하세요?'
아니다.
'음?'
천만에.
'그래서'
맞다, 그래서다.

우리는 왜 그토록 자주 '그래서'로 시작할까? 아마 발표를 시작한다는 무섭고 떨리는 느낌 대신 대화를 이어가는 중이라는 편안한 기분을 느끼게 만들기 때문일 것이다.

"그래서… 다들 안녕하신가요?"

"그래서… 여러분이 궁금해하실지는 모르겠습니다만…."

"그래서… 어제 우리가 이야기한 부분은…."

"그래서… 오늘 짧게 이야기하려는 내용은…."

요점으로 빠르게 들어가지 않고 '그래서…'로 길고 굼뜨게 이어지는 몇 가지 예시다. 어디서 많이 들어 본 것 같지 않은가?

이 따분한 운명을 피하려면 당신만의 첫 단어만 기억하면 된다. 무조건 그 단어로 운을 떼는 것이다.

내 경우에는 보통 '저는'이 첫 단어다.

"저는 조엘 슈월츠버그라고 합니다."

'좋은'도 쓴다.

"좋은 아침이에요. 저는 조엘 슈월츠버그라고 합니다."

더러는 '오늘'도 쓴다.

"오늘 저는 우리 회사의 공급망에 관한 시급한 주제에 초점을 맞추고자 합니다."

당신의 첫 단어가 뭐든지 그 단어를 말하기 전에는 한마디도 하지 마라. 그 단어로 시작한 뒤에는 이상적으로 세 가지를 밝히는 서두로 이어 나간다.

❶ 자기소개(관객이 모를 경우)
❷ 자신의 요점
❸ 자신의 요점이 중요한 이유(요점을 밝힐 때 포함하지 않았다면)

첫 15초는 대단히 중요하다. 때문에 나는 보통 이 서두를 암기하라고 조언한다. 참고로 내가 뭔가를 외우라고 권하는 일은 이번이 처음이자 마지막이다.

물론 원한다면 썰렁한 분위기를 녹이는 입담으로 시작해도 괜찮다. 농담이나 아침에 겪은 재미있는 일화, 또는 주제와 관련된 뉴스로 말이다. 하지만 그러려면 즉흥적으로 꺼낼 게 아니라 미리 각본을 짜 둬야 한다. 또한 이런 입담은 요점을 강조하지 못하고 오히려 지연시킨다는 점도 명심하라.

결국 서두에 효율적으로 들어갔다가 나와서 요점으로 신속하게 이동하는 것이 최선이다.

나는 풍요가 있는 한, 가난은 악이라고 생각한다.

로버트 케네디 Robert Kennedy

4

팔리는 요점 만드는 법

독후감
읽지 마라

내가 어린이 잡지사 편집부에서 일할 때다. 사장은 노련한 세일즈 트레이너를 고용해서 전 직원에게 판매 전략의 기초를 가르치기로 결정했다. 그는 영화 〈글렌게리 글렌 로스〉의 알렉 볼드윈은 아니었지만, 거의 가까웠다.

편집부 직원들은 사장의 결정이 시간만 엄청나게 잡아먹을 뿐이라고 불평했다. 우리 생각에 어쨌든 판매는 마케팅 부서 직원들의 업무지, 작가와 편집자들이 신경 쓸 문제가 아니었기 때문이다.

하지만 이제 와서 돌이켜 보니 사장이 옳았다. 전 직원은 판매업에 종사하고 있었다. 일부는 광고를 팔았고, 일부는 그보다 더 중요한 뭔가를 팔았다. 바로 아이디어였다.

요점으로 정리된 훌륭한 아이디어는 단순히 공유되는 게 아니라 팔릴 만한 가치가 있다. 그럼 당신이 요점을 그저 공유만 하는 게 아니라 정말로 팔고 있다고 어떻게 확인할 수 있을까?

☑ 발표 내용이 독후감 같은지, 광고 카피 같은지 살펴보기

너무나 많은 발표자가 말은 하지 않고 독후감을 읽는다. 독후감에는 '누가, 무엇을, 언제'만 들어 있다. 때로는 '어떻게, 왜'만 묘사한다. 이런 것들이 실질적인 요점인 경우는 아주 드물다. 그런데도 흔히 요점처럼 취급된다. 이런 것들은 주제에 관한 발표자의 입장을 드러내 주지 않는다. 주제가 청중과 맺는 관련성이나 주제의 잠재적 파급력도 반드시 드러내지 않는다.

독후감 발표와 요점 말하기의 차이는 무엇인가? 이렇게 비유할 수 있다.

❶ 영화 줄거리를 설명하는 것 vs

그 영화를 왜 꼭 나와 같이 봐야 하는지 설득하는 것.

❷ 어느 책의 목차 vs

그 표지의 강렬한 소개 문구.

두 경우 모두 전자는 '공유'고 후자는 '판매'다.

독후감을 읽는 실수는 직장에서의 현황 보고서, 전 직원 앞에서의 프레젠테이션, 고객에게 구입을 권유하는 상담에서도 나타날 수 있다. 어떤 상황이든 독후감에는 정보만 나열될 뿐 제안은 전혀 들어가지 않는다. '나는 생각한다'는 없고, 정보 더미만 있는 것이다.

나는 보통 두 부류로 구별한다.
'공유하는 발표자'와 '판매하는 발표자'.
공유하는 발표자는 흔히 이렇게 말한다.
"오늘 저는 X에 관해 조금 이야기하려 합니다."

이렇게 말한 사람에게 뭔가를 팔겠다고 느꼈는가? 도입으로 봐서는 아닌 것 같다. 이 사람이 하려는 일은 그저 몇 마디 던져 놓고 그것들을 다른 사람들의 의견과 뒤섞다가 그중에서 운 좋게 서로 잘 들어맞는 부분이 생기면 마법처럼 어떤 실행 단계가 도출되

리라고 바라는 정도인 듯하다. 한마디로 이 발표자가 원하는 바는 '이야기 좀 해 보자'뿐이다.

이제 판매하는 사람과 비교해 보자.

"오늘 저는 X를 하면 왜 Y로 이어질지 설명을 드리겠습니다."

이렇게 말한 사람은 확실히 뭔가를 팔 것 같다.

다음은 내가 진행하는 워크숍에서 가져온 구체적인 사례 두 가지다.

● 독후감 읽는 사람 1

예전 내 수강생 중 사업가였다. 한 명은 모자, 브로슈어, 현수막, 배지 등 브랜드 홍보 상품에 고객사의 로고를 새겨 팔았다. 나는 그 수강생에게 제품 구입을 권유하는 최고의 프레젠테이션을 보여 달라고 요청했다. 그는 자신이 취급하는 온갖 상품을 펼쳐 놓은 뒤에 하나씩 설명해 나갔다.

"이 모자 보이시죠? 이 모자는 절대로 찌그러지는 법이 없고 크기가 마음대로 조절되죠. 정면에 고객의 로고를 영구적으로 새겨 넣을 수도 있고요. 이 배지 보여요? 여기에는 로고를 세 가지 색으로 새길 수 있고 뒷면이 자석으로 돼 있어서 셔츠나 재킷을 손상시키지도 않아요. 이 현수막은 특수 재질로 제작돼서 물이 닿아도 번지지 않고 주름이 생기지도 않죠. 물론 로고도 어디든 새길 수 있고요…."

그 사람은 계속 이런 식으로 설명하다가 소개할 상품이 다 떨어진 뒤에야 그만뒀다. 나는 고객에게 이 상품들을 소개하는 솜씨는 훌륭했지만 한 가지 중요한 사항을 빼먹었다고 지적했다.

→ 당신이 내 서비스를 이용한다면 더 많은 사람에게 당신의 브랜드가 노출될 것이다. 그럼 더 많은 사람이 당신의 상품을 구입할 것이며 따라서 당신은 돈을 더 많이 벌게 될 것이다.

● 독후감 읽는 사람 2

또 다른 수강생은 전 세계 개발도상국들의 빈곤층 여성을 지원하는 유명한 비영리 단체에서 일했다. 그의 업무는 결정권자들을 설득해 도서 출간 기획을 승인받는 것이었다. 그는 이렇게 주장을 펼쳤다.

"이 책은 우리 단체의 목표를 완벽하게 드러냅니다. 이 용감한 여성들의 이야기를 그들 고유의 언어를 사용한 수려한 문장으로 자세하게 들려주니까요. 또 각 편의 이야기에는 수상 경력이 있는 사진작가들의 사진이 곁들어 있어요. 책 뒤편에는 주제 색인이 수록돼 독자가 특별히 관심을 둔 사안을 쉽게 찾아볼 수 있어요. 이 책은 어디에 비치해 둬도 예쁘게 어울릴 테고, 그래서 뜻깊은 기념일 선물이 될 것입니다."

역시나 독후감이다. 이 사람은 책의 중요한 특징은 빠짐없이 설명했다. 하지만 요점을 팔지 않았다.

그가 속한 비영리 단체의 목표를 고려할 때, 요점을 더 확실하게 판다면 이런 식이 될 것이다.

→ 이 책은 우리 회사의 주요 지지자와 후원자들에게 목표를 더 확실히 드러낼 것입니다. 이는 후원금을 더 많이 모금하게 만듭니다. 결과적으로 위기에 몰린 가정들을 더 많이 지원할 수 있게 될 것입니다.

공유하는 발표자에서 판매하는 발표자로 도약하기 위해 대학 졸업장이 또 필요한 것은 아니다. 그저 당신의 가장 강력한 요점과 그 요점에서 제안할 가장 중요한 가치를 예리하게 인식하기만 하면 된다.

최근에 열린 한 대중 연설 워크숍에서 나는 커다란 종이에 '판매'라고 대문짝만하게 썼다. 그 다음 학생들이 자기 생각을 팔지 않는다고 느낄 때마다 종이를 높이 쳐들었다. 그러자 학생들의 어조, 몸짓 언어, 성량, 단어 선택이 확연히 달라졌다. 청중도 대번에 그 효과를 실감했다. 이 학생들은 해설사로 왔다가 판매자가 되어 떠났다.

판매 언어를 **사용하라**

공유보다 판매에 중점을 두려면 어떻게 해야 할까? 이 막강한 문장 구조로 요점을 유도할 수 있다.

● 판매 문장 구조

나는 … 제안한다.

나는 … 추천한다.

나는 … 권유한다.

이 단순한 문장 구조들의 위력은 '나는 생각한다'와 유사하다. '진짜' 요점을, 그리고 대개는 제안도 말하지 않을 수 없게 만든다는 점이다. 이 막강한 구조들을 쓰는 사람은 대개 리더처럼 보이고, 결과적으로 리더가 된다.

직원과 이야기하든 상사와 이야기하든 모든 형태의 의사소통에서 항상 이 문구들을 도입해 보라. 그럼 회의가 단순히 실행 방안만 도출하고 끝나는 게 아니라 추진력까지 얻게 될 것이다.

또한 누군가를 위해 샌드위치를 만들어 주려면 우선 그 사람이 무엇을 좋아하는지 알아야 한다. 당신의 요점이 청중에게 미칠 효과에도 똑같은 대비책을 마련하라. 일부 강사와 컨설턴트는 이를 한마디로 요약한다.

'네 청중을 알라.'

단순히 청중이 누구며 그들이 뭘 알고 있는지보다 더 구체적이어야 한다. 바로 청중이 '당신에게 원하는 것'이 무엇인지 아는 일이다. 청중은 고유한 환경과 상황에 따라 다양한 것을 원한다. 이런 항목이 포함될 수 있다.

지식 / 통찰력 / 뉴스나 최신 정보 / 영감 / 평가 / 공감 / 설명 / 위안

이상적으로 의사를 전하는 사람의 어조는 청중의 고유한 기대와 조응한다. 또는 적어도 그 기대에 초점을 맞춘다. 단순하게 영감을 불어넣어야 할 때 전략가가 되지 말라는 이야기다. 평가가 필요할 때 트집 잡는 사람이 되지 말라는 이야기다. 또 용기를 북돋워야 할 때 딴지 거는 사람이 돼서도 안 된다.

그렇다면 자신이 '올바른' 어조를 구사하고 있는

지 어떻게 알까? 발표를 앞뒀을 때마다 이렇게 자문하라.

"이 청중은 나에게 뭘 원하고 뭘 얻고 싶어 할까?"

청중이 당신에게 무엇을 기대하는지 파악한 뒤에는 그 부분을 요점에 포함하지는 못하더라도 전체 발표의 일부로 다뤄라. 그렇지 않으면 요점이 아무리 강력해도 생뚱맞아 보일 위험에 놓인다.

나는 텔레비전이 사회의 가장 낮은 공통분모에 진정으로 닿을 수 있는 유일한 매체라고 생각한다.

게리 마셜 Garry Marshall

5

내 생각을 지키는 법

요점으로
되돌아가라

요점의 이점은 무엇일까? 비유하면 항공로에서 벗어난 우주선처럼 되지 않는다. 말하다가 장황해지거나 초점을 잃어도 맥락이라는 행성을 벗어나지 않고 언제든 경로를 수정해 자신의 요점으로 되돌아갈 수 있다.

원래의 궤도로 돌아가기 위해 요점을 언급하거나 반복하는 횟수에는 아무런 제한이 없다. 요점은 아무리 자주 말해도 지나치지 않다. 누구도 발표를 듣고 나서 이렇게 말하지는 않기 때문이다.

"훌륭한 발표였어. 하지만 요점을 너무 자주 말하더군."

이는 훌륭한 조언을 너무 자주 얻어서 탈이라고 불평하는 것과 같다. 말하다가 어느 순간 당신이 우주 미아가 됐음을 알아차리면, 이런 전환 어구를 이용하라. 곧바로 요점으로 돌아갈 수 있다.

● **요점 전환 어구**
"내 요점은….."
"그래서 말이죠….."
"여기에서 기억해야 할 점은….."

정치인들에게 말 돌리기는 정치생명이다. 그래서 항상 이렇게 한다. 당신도 이것을 임무로 삼아라.

요점을
밀고 나가라

　이따금 당신의 요점을 놔두고 다른 사람의 요점을 다뤄야 할 압박을 느끼는 상황에 처할 수 있다. 이런 상황은 콘퍼런스 패널과 텔레비전 쇼 프로그램 게스트에게 자주 벌어진다. 우리에게는 가끔 남들이 모두 꺼려하는 고집스러운 사람과 단둘이 저녁을 먹게 될 때 일어난다.

　그런 상대의 미끼를 무는 것은 뿌리치기 어려운

유혹이다. 특히 당신이 철벽같은 방어력을 자랑한다면 말이다. 하지만 그의 요점에 맞서 당신을 방어하는 데 시간을 많이 쓸수록 당신의 요점을 전달하는 데 쓰는 시간은 줄어들 수밖에 없다.

또 한 가지 알아야 할 점이 있다. 대다수 콘퍼런스와 인터뷰에서는 패널과 인터뷰이가 걸어 다니는 백과사전처럼 구는 것을 달가워하지 않는다. 또 달가워해서도 안 된다. 어떤 텔레비전 프로그램 진행자나 콘퍼런스 기획자가 당신을 게스트로 초대하는 이유는 무엇일까? 공정한 토론회에서 미리 정해진 주제에 관해 '당신의 요점을 전달할 수 있도록 하겠다'는 뜻이다. 만일 다른 기대나 이면의 의제가 보이면 나는 그 초대를 거절하기를 권한다.

가끔 인터뷰가 상당히 대립적으로 진행된다. 심지어 적대적이기도 하다. 더러는 그 사람들의 요점과 크게 상관도 없는 신념이나 소속 따위가 사적으로 공격당하는 일도 드물지 않다. 이렇다면 자신을 방어하고 싶은 유혹을 뿌리치는 것이 무엇보다 중요하다. 본래의 요점을 구명줄이라도 되듯이 악착같이 붙들어라. 만일 누군가가 전혀 상관없는 사적인 정보로 공격하면 그 사람은 당신의 요점에 정당하게 논쟁하지 않을 거라는, 또는 못한다는 뜻이다. 그렇기 때문에 당신은 요점을 더더욱 밀고 나가야 한다.

정치계에서는 논의를 자신의 요점으로 되돌리는 이 전략을 '중심축 이동'이라고 부른다. 정치인들은 종종 중심축을 얼빠진 정책 입장이나 슬로건으로 되가져온다. 당신은 경험과 전문 지식에 바탕을 둔 실질적인 제안으로 되돌려라. 전혀 미안해하지 않아도 된다. 당신은 그 자리에 요점을 주장하러 갔다.

누군가가 작정하고 당신의 요점을 방해하면서 자신의 요점으로 논쟁하려 든다면, 전환 어구들을 활용하라. 그리고 당신의 입장과 요점을 굳게 지켜라.

● 전환 어구 활용

"무슨 말씀인지 알겠습니다. 하지만 제 요점은….."

"그것이 일반적인 인식이라는 것은 압니다. 하지만 팩트는….."

"이 논쟁은 애매한 영역이기는 합니다만, 제 생각은….."

"네, 그게 사실일지도 모르죠. 하지만 여기에서 제 요점은….."

"그것은 진실이 아니에요. 팩트는….."

"그 질문은 그 주제에 더 전문적인 지식을 갖춘 분들에게 남겨 두기로 하고요, 제가 말하려는 바는….."

만일 누군가가 당신을 사적으로 공격한다면 당신은 이렇게까지 말할 수도 있다.

"저의 어떤 부분이 당신을 불쾌하게 만든다는 것

은 압니다. 안타까운 일이군요. 하지만 여기에서 더 중요한 요점은…."

날아든 질문에 대답을 하든 아니면 그저 알겠다는 표시만 하든, 가장 중요한 다음 단계는 당신의 요점을 곧바로 강력하게 전달하는 것이다. 바꿔 말하면 그 자리에 간 본래 목적을 수행하는 것이다.

나는 노력하는 자에게 복이 온다고 생각한다.

월트 체임벌린 Wilt Chamberlain

6

요점
강화법

파워 마침표로
끝내라

이제까지 요점을 파악하고, 요점을 전달하고, 고수하는 법을 배웠다. 요점을 공유하기보다 판매하는 것이 얼마나 중요한지도 알았다. 이 정도만으로도 당신은 경쟁자나 동료들보다 훨씬 앞서 나간 셈이다.

이제 보충 수업 시간이다. 여기에서는 발표에 관한 핵심적인 이해와 기법들로 요점을 강화하는 법을 배워 보자.

말할 때 마치 질문을 던지듯이 말끝을 올리는 사람이 무척 많다. 질문이 전혀 아닌데 그런 억양을 쓴다. 당신이 아는 사람들 중에서도 많을 것이다. 이렇게 말끝을 올리는 억양을 가리켜 흔히 '업토크uptalk'나 '업스피크upspeak'라고 한다.

다음 두 문장을 구두점에 유의해 큰 소리로 읽으면서 잘 들어 보기를 바란다.

우리 고객층은 세 배로 증가했습니다?
우리 고객층은 세 배로 증가했습니다.

어떤 이들은 마침표로 말을 끝내는 데 아무런 어려움이 없다. 하지만 어떤 이들은 입에서 나오는 모든 말을 업토크로밖에 못한다. 이 문제는 발표 경험이나 다른 의사소통 기술과도 아무 상관이 없다. 높은 자리에 오른 대중 강연자들 중에도 일부는 만성적으로 말끝을 올린다. 그런가 하면 내가 아는 일부 초짜 강연자들은 아무렇지 않게 말끝을 내릴 줄 안다. 당신이 날 때부터 업토크를 썼든 아니든 그런 습관은 요점을 성공적으로 전달하는 데 큰 방해 요소다. 어떤 질문에 답할 때, 억양만 질문처럼 들려도 이런 암시가 들어간다.

'확실히는 모르겠어요.'

반면 마침표로 말이 끝날 때는 이런 암시가 들어간다.

'나는 알아요.'

이 차이를 시험해 보기 위해 나는 학생들에게 1부터 5까지 두 가지 방식으로 셀 테니 들어 보라고 한다. 그런 다음 어느 쪽이 더 자신 있고, 권위 있고, 강력하게 전달됐는지 묻는다.

먼저 이렇게 말한다.

1?

2?

3?

4?

5?

두 번째로 이렇게 말한다.

1.

2.

3.

4.

5.

과학적인 테스트는 아니지만 여기에 동참한 학생 수천 명 중 압도적인 다수가 말끝을 내려 마침표를 찍은 두 번째 수 집단이 더욱 자신 있고, 권위 있고, 강력하게 들렸다고 손을 들었다. 그저 말끝에 물음표를 달지 않고 마침표를 찍었다는 이유만으로 말이다. 두 방식에 다른 차이는 전혀 주지 않았다. 더구나 내가 말한 것은 단어나 생각도 아니고 그냥 숫자에 불과했다. 그저 질문하는 '소리'만으로 전달력의 강도가 훨씬 감소한 셈이다. 이 점이 업토크를 교정해야 하는 매우 중요한 이유다.

업토크에서 내가 '파워 마침표'라고 부르는 억양으로 바꾸는 첫 단계는 물음표를 인지하도록 귀를 훈련하는 것이다. 상사나 동료의 말을 유심히 들어 보라. 뉴스 앵커와 텔레비전 진행자의 말에 귀 기울여 보라. 참을 수 있다면 정치인들의 말도 들어 보라. 먼저 다른 사람들의 업토크를 인지하도록 귀를 훈련했으면 그 다음에는 당신의 억양으로 넘어가라.

말끝을 올리는 자기 자신을 포착할 수 있을 때에야 원래 습관 대신 '파워 마침표 습관'을 새로 들일 수 있는 단계에 도달한 것이다. 특히 그 의식적인 훈련을 실행할 수 있을 정도로 말하는 속도가 느긋해야 제격이다.

그렇다고 모든 문장을 파워 마침표로 끝맺는 것이 목표는 아니다. 발표의 어느 부분이 파워 마침표의 효과를 제일 톡톡히 누릴지 짐작이 가는가? 힌트는 발표의 가장 중요한 부분이다.

맞다. 요점이다.

이제껏 내가 본 사람들 중 파워 마침표를 가장 이상적으로 사용하는 세 사람은 로널드 레이건, 빌 클린턴, 그리고 버락 오바마 전 대통령이다. 세 사람이 각각 집무실에서 다음 문장을 말한다고 상상해 보라.

"이 종합 경기 대책은 중산층 미국인의 삶을 크게 개선할 것입니다."

"이 법안은 우리의 국토 안보를 강화할 것입니다."

"우리의 연방 상태는 강건합니다."

나는 이 역대 대통령들이 우리가 가장 존경하는 대중 연설가에 속했다는 것이, 그리고 클린턴과 오바

마는 지금도 속한다는 사실이 우연의 일치라고 생각하지 않는다. 사람들이 그들을 대중 연설가로서 그토록 우러르는 이유는 대통령이었기 때문이 아니다. 세 사람 모두 '나는 생각한다' 문장으로 전달하는 법을 잘 알았기 때문이다.

물리적 거리를 **좁혀라**

　친밀한 대화는 거리감을 둔 대화보다 설득력이 항상 높은 법이다. 이는 바꿔 말하면 발표자가 청중에게 최대한 가까이 다가가야 한다는 뜻이다. 무릎이 닿지 않을 정도로만 말이다. 미국에는 타운홀 토론이 있다. 정치인들이 유권자를 초대해 주요 이슈나 정책에 관해 의견을 듣고 자유롭게 이야기하는 자리다. 오바마 전 대통령은 특히 이 토론회를 활용해 지지도를 높였다. 클린턴 전 대통령은 여기에서 대화 상대에게 물리적으로 다가가는 전략을 썼다.

단순히 청중과의 거리를 좁히는 것이 아니다. 당신과 청중 사이에 있는 장애물을 제거하자. 그런 장애물로는 연단, 테이블, 클립보드, 아이패드, 펜, 프레젠테이션 포인터, 클리커, 심지어 당신의 손도 포함된다.

솔직해지자. 발표자 대다수가 손에 뭔가를 들거나 두 손을 맞잡는 이유는 초조한 기운을 그곳으로 돌리기 위해서다. 물건을 들면 마음이 한결 편안해지기 때문이다. 하지만 이런 장애물 때문에 청중이 당신의 요점에 집중하는 데 방해를 받는다면 득보다 실이 훨씬 크다.

이것이 테드TED 강연자들이 연단이나 테이블을 치우고 보통 양손도 따로 두는 이유다. 또 당신이 되도록 청중에게 가까이 다가가야 하고 스크린으로 자료를 보여 줄 때조차 항상 조명 아래에서 이야기해야 하는 이유기도 하다. 어둠침침한 것도 장애물이다. 청중이 당신을 볼 수조차 없는데 어떻게 당신의 요점을 지지하겠는가?

보이지 않는 곳에서 말하는 사람들은 요점을 성공적으로 전달하는 데 어려움이 크다. 가령 전화로 회의에 참석하는 사람들이다. 이 어려움은 화상 회의를 하면 어느 정도 줄어든다. 하지만 화상 통화를 하는 사람들은 대개 화면을 쳐다보지 자기를 찍는 카메라를 보지 않기 때문에 대부분 청중과 곧바로 연결되지 않는다. 그래서 어떤 개인이나 집단에게 당신의 요점을 피력하고 싶다면 정신적으로나 신체적으로나 청중 앞에 있는 것이 중요하다.

나는 일어서서 말할 일이 생기면 양손과 주머니를 비우고 연단과 테이블도 옆으로 치운다. 심지어 안경까지 벗는다. 주의가 흐트러지는 것을 막고 초조해 보이는 기색을 줄일 방법을 모두 동원해서 나와 청중의 관계를 되도록 밀접하게 형성한다. 이런 방법들이 적어도 요점 앞에 놓인 장애물의 수를 줄여 주고 요점의 힘을 키운다.

목소리를 **높여라**

목소리를 높이는 단순한 행동도 요점을 전달하는 사람에게 어마어마한 이득을 안긴다. 나는 학생들에게 이렇게 요청한다.

"의도적으로 '엄청' 크게 말하세요."

하지만 실제로 목소리를 높이는 사람은 드물다. 대부분 내가 애원을 해도 도저히 '엄청 크게' 말할 엄두를 내지 못한다. 기껏해야 목소리가 평소보다 약간

커질 뿐인데, 그것마저 처음 몇 마디뿐이다.

지시에 따라 지나칠 정도로 크게 말할 수 있는 소수의 사람도 결코 그 성량을 유지하지는 못한다. 몇 마디 하면 대부분 적당한 성량으로 낮아지거나 아니면 역시나 너무 작아진다.

그러니 먼저 당신이 너무 크게 말할지도 모른다는 걱정부터 버리자. 사람들이 대부분 물리적으로 그렇게 할 수 없거나, 자의식이 경고음을 울려서 스스로에게 그런 행동을 허용하지 않거나, 둘 중 하나다.

이제 대중 앞에서 말할 때 목소리를 키우는 것만으로 교정되는 다양한 실수를 살펴보자.

- ☑ 웅얼거린다
- ☑ 너무 빨리 말한다
- ☑ 문장을 마침표가 아닌 물음표로 끝맺는다
- ☑ 소곤소곤 말한다

성량은 그야말로 발표자에게 주어지는 무한한 선물이다. 화자가 목소리를 키울 때면 단순히 그 변화만으로도 그들이 보여 주는 힘, 자신감, 권위에 근본적인 차이가 생긴다.

큰 소리로 말하면 요점을 돋보이게 만든다. 그뿐 아니라 당신의 지위도 달라 보이게 만든다. 인턴은 팀장처럼, 팀장은 대표처럼 보이게 한다. 부하 직원이 소심한가? 그렇다면 리더십을 발휘하라고 추상적으로 요구하는 것보다 목소리를 키우라고 조언하는 편이 훨씬 낫다. 직원 입장에서도 실천에 옮기기가 훨씬 쉽다.

마이크를 쓰거나 화상 회의를 할 때도 크고 박력 있는 목소리를 유지해야 한다. 너무나 많은 발표자가 이런 상황에서도 성량을 평소 대화할 때 정도로 떨어뜨리는데, 성량과 함께 요점의 힘도 같이 떨어지고 있다는 사실을 몰라서 그렇다.

마지막으로 명심하자. 모든 청중에게 발표자의 목소리가 들리게 하는 책임은 청중이 아닌, 전적으로 발표자 본인에게 있다. 회의 장소가 넓거나 발표자가 전화로 연결돼 있더라도 마찬가지다. 어떤 발표자도 자신이 하필 조용한 사람이라서 특별히 편의받을 자격이 생기지는 않는다.

젠더 편견에
지지 마라

목소리를 높여 얻는 이점은 모든 젠더에게 동등하게 적용돼야 마땅하다. 하지만 가끔 여학생들은 목소리를 높였다가 공격적이다거나 앙칼지다는 인상을 줘서 청중에게 반감을 살까 봐 두렵다고 토로한다.

나는 젠더 편견이라는 주제에 전문가인 척하고 싶지는 않다. 하지만 이런 의견이 나오면 여학생들에게 이렇게 요청한다.

"스스로 생각하기에도 지나치고 듣기 거북할 정도로 큰 목소리로 요점을 설명해 주세요."

그런 다음 교실의 나머지 학생들에게 묻는다.
"공격적으로 들렸나요?"

보통 만장일치로 답변이 돌아온다.
"아니오."

여학생의 급우들이 정치적으로 올바른 걸까? 어쩌면 그럴수도. 그래서 나는 두 번째 질문을 던진다.
"이 여학생의 목소리가 어떻게 들렸나요?"

돌아오는 대답에는 대개 이런 표현이 들어 있다. 지레 넘겨짚었던 것과는 다르다.
"힘 있어요."
"자신감 넘쳐요."

"확신에 차 보여요."

모두 요점이 잘 전달됐다고 말한다.

그렇다고 세상에 젠더 편견이 존재하지 않거나 당신이 결코 그런 편견을 마주칠 일이 없을 거라는 뜻은 아니다. 분명히 존재하고, 또 마주칠 것이다. 하지만 나는 이런 편향된 의견이 제일 많이 개입되는 경우는 발표자가 자신 있게 요점을 설명할 때가 아니라고 생각한다. 방어적이거나 공격적인 태도를 취할 때다. 당신이 확고하게 요점에 집중할수록 공격적으로 보인다고 비난을 살 가능성은 낮아질 것이다. 이제 매우 강렬했던 연설로 두루 평가받은 여성들의 열정적인 최근 연설을 살펴보자.

• 예시
❶ 미셸 오바마가 2016년 민주당 전당 대회에서

했던 연설.

내가 첫 단어부터 마지막 단어까지 완벽했던 연설을 꼽자면 바로 이 연설이다.

❷ 메릴 스트립이 2017년 골든 글로브 시상식에서 세실 B. 드밀 상을 받고 말한 수상 소감.

이 상의 이름이 왠지 낯익지 않은가? 2016년에 덴젤 워싱턴이 받았던 상이 바로 이 상이니까. 우리는 2장에서 그의 수상 소감을 살폈다.

❸ 비올라 데이비스가 2017년 아카데미 시상식에서 여우 조연상을 받고 말한 가슴 뭉클한 수상 소감.

앙칼지거나 공격적인 사람으로 비칠까 봐 두려운가? 그래서 그런 오해를 피하려고 좀 더 부드럽게, 또는 일부러 슬렁슬렁할 생각이 들면 이 연설 장면들을 찾아보고 자신감을 얻어라.

그리고 그냥 무시해 버렸으면 좋겠다. 젠더 편견

을 두려워하는 사람들에게 내가 해 주고 싶은 말이다. 당신의 발표를 청중의 부당한 편견에 맞추지 마라. 그들이 문제지 당신의 잘못이 아니다. 당신은 실력을 키우면 된다. 청중이 먼저 됨됨이를 키워야 할 때라도.

보컬 프라이
하지 마라

목소리가 작으면 큰 단점이 또 있다. 목소리를 깔고 성대를 긁듯이 발성하게 된다. 이런 발성을 흔히 '보컬 프라이vocal fry'라고 한다. 많은 사람이 무의식적으로 이렇게 하고 더러는 일부러도 한다. 보컬 프라이가 뭔지 잘 모르겠다면 '페이스 샐리 보컬 프라이 Faith Salie Vocal Fry'를 검색해서 페이스의 2013년 유튜브 영상을 보라. 카다시안 자매가 나와서 보컬 프라이의 전형을 보여 준다. 보컬 프라이로 유명한 인물이 한

명 더 있다. 바로 빌 클린턴.

일부 사람들이 왜 보컬 프라이를 많이 쓰는지 그 이유가 확실하지는 않다. 큰 원인은 힘 조절 실패다. 겨우 가물가물한 에너지만 목소리로 흘려보내는 것이다. 이 문제의 해결책 중 하나는 성량의 형태로 에너지를 쓰는 것이다. 힘 있는 발성은 보컬 프라이를 극복하는 가장 효과적인 방법이다. 실제로 나는 학생들이 중요한 발표를 앞두고 있을 때면 자주 이렇게 말한다.

"발표가 끝났는데도 피곤하지 않으면 힘을 충분히 쓰지 않은 거예요."

이 말은 발표 때 고함을 지르라는 뜻이 아니다. 다만 목소리에 충분한 활력과 위용을 불어넣어 요점에도 힘을 실으라는 말이다.

이 에너지는 순전히 의지에서 나올 수도 있고, 당이 치솟는 음식을 마구 섭취해서 나올 수도 있다. 또한 숙면과 좋은 음식, 당신이 대학에서 비싼 값을 치르고 배워야 했을 그런 생활습관으로도 신장된다. 요점이나 주제와 상관없이 맥없이 발표하는 것보다 청중을 더 빨리 재울 수는 없다. 여기에서 보컬 프라이는 그 맥없음의 주체다.

완벽을 위해
뜸 들여라

　발표하다가 뜸을 들이면 청중은 당신이 대사를 까먹은 배우처럼 할 말을 잊었다고 생각할까? 침묵이 흐르면 발표자는 당황해 머릿속에서 이런 생각들이 오간다.

　'얼른 말해야 되는 거 아니야? 누군가는 말을 해야 되지 않을까?'

　하지만 생각과는 달리 '뜸 들이기'는 당신의 적이 아니다. 조력자다.

우선 청중이 어떤 메시지를 이해하는 데는 당신이 그 메시지를 전달하는 데 걸리는 시간보다 두 배는 더 걸린다. 뜸을 들이면 상대방이 결정적인 요점을 충분히 이해하고 소화하기까지 공백을 만들어 낸다. 이는 중요하다.

요점을 화분에 준 물이라고 생각해 보자. 물이 스며들어 바닥까지 내려가는 데는 시간이 걸린다. 이때 말을 멈추고 잠시 뜸을 들이면 당신은 청중에게 극적인 긴장감을 선사하는 셈이다.

'다음에 무슨 말이 나올까?'

이제 청중은 발표자가 다시 말을 시작하기 전까지 꼼짝 않고 집중한다. 이것이 노련한 강연자들이 흔히 요점을 피력하기 직전에 잠시 뜸을 들이는 이유 중 하나다.

자신 있게 활용해 보라. 뜸 들이기는 청중에게 흥미진진한 분위기를 자아내고 이런 인상을 준다.

'나는 지금 이 순간, 여러분 앞에서 생각하는 중입니다.'

사람들은 연극이나 스포츠 경기 같은 라이브 경험을 좋아한다. 뜸 들이기는 이같이 당신의 발표가 미리 준비된 게 아니라 즉석에서 진행되는 듯한 기분을 느끼게 한다.

또한 뜸 들이기의 좋은 점은 '음', '어', '에'같이 의미 없는 '목발 표현'을 적절하게 대체한다. 목발에 의지해서 걷듯 말을 더듬거릴 때 의존하는 표현들 말이다. 그런 단어를 무작정 쓰지 않기는 어렵지만 잠시 말을 멈추는 것은 할 만하다. 연습만 하면 당신도 성공적으로 갈아탈 수 있다.

뭐니 뭐니 해도 뜸을 들여야 할 최고의 이유가 있다. 바로 정확한 문장을 준비할 시간을 벌어 준다는 점이다. 사람들은 대부분 입이 머리보다 앞선다. 할 말을 완전히 구상하기 전에 말부터 한다. 뜸 들이기는 이 순서를 뒤집는다. 그래서 머리가 입보다 먼저 움직이게 만든다. 발표자가 완벽하게 구상한 뒤에 말하는 것이다.

이를 시험할 방법이 있다. 지금 바로 자신의 직업 혹은 전공에서 가장 마음에 드는 점과 그 점이 다음에 드는 이유를 큰 소리로 설명해 보는 것이다. 이렇게 시작하면 된다.

"내가 X인 것이 제일 좋은 이유는…."

자신의 직업과 전공이 싫다면 더 나은 일을 상상해 보자. 이것은 연습일 뿐 수행 평가가 아니다.
지금 바로 해 보라. 기다릴 테니까.

끝났는가?
그럼 다시 해 보자. 이번에는 이렇게 생각하자.

'나는 남는 게 시간이야. 내 생각을 상대방에게 정확히 표현하기 위해 필요한 만큼 여러 번, 필요한 만큼 오래 뜸을 들여도 돼.'

제약 없이 뜸을 들일 수 있다는 조건을 명심했으면 다시 설명해 보라.

차이가 있었는가?
뜸 들이기는 문장을 준비할 시간을 준다는 면에서 도움이 됐을 것이다. 멈추는 시간이 너무 길었다면 연습해서 적절하게 줄이면 된다. 뜸 들이기의 효과가 미덥지 않다면 이렇게 말하는 청중은 드물다는 점을 기억하기를 바란다.
"훌륭한 발표였어. 자꾸 뜸을 들였던 것만 빼면."

뜸 들였던 것을 기억하는 청중은 거의 없다. 무無의 순간을 기억하기는 어렵기 때문이다. 그러니 긴장감을 주기 위해, 즉흥적인 분위기를 연출하기 위해, 요점을 정확하게 표현하기 위해 뜸을 들여라. 연습이 좀 필요하다. 하지만 숙달만 되면 뜸을 들이는 것은 요점을 말하는 데 든든한 친구가 될 것이다.

모든 것이 불리하게 돌아가지만, 나는 사람들의 마음이
정말로 선하다고 생각한다.

안네 프랑크 Anne Frank

7

요점 완성하는 법

요점으로
마무리하라

    내용을 모두 전달한 뒤에는 요점을 마무리 문장으로 말하면 가장 좋다. 곧이곧대로 맨 마지막 문장일 필요는 없고 물론 그래도 상관없다. 어찌됐든 요점은 마무리 단계에서 다시 언급돼야 한다. 발표자 입장에서 자리를 뜬 청중이 계속 고민해 주기를 바라는 것이 바로 요점이기 때문이다.

    나는 이것을 '깔끔한 착지'라고 부른다. 요점을 강

력하게 다시 말하는 마무리는 체조 선수가 매트 위에 깔끔하게, 군더더기 스텝 없이 착지하는 것과 같기 때문이다.

다음은 착지를 깔끔하게 못하는 발표자들이 흔히 저지르는 실수다.

- **깔끔하지 않은 착지**
❶ 상투적인 표현으로 끝맺는다.

"제가 드릴 말씀은 여기까지입니다."

"자, 이제 다 끝났습니다."

발표가 고된 인내력 테스트라도 됐다는 듯이.
❷ 최종적인 요점을 설명하거나 다시 강조하지 않고 끝낸다.
❸ 마지막 말을 웅얼거린다.
❹ 전혀 단호하게 끝맺지 못한다.

마지막 말에는 특별히 더 강조하는 효과가 붙는

다. 그런데 어떤 사람들은 왜 저주라도 받은 듯이 질질 끌고 또 끄는 걸까?

피자 배달원이 현관에 도착해서 초인종을 눌렀다고 상상해 보자. 당신은 문을 열어 피자 값을 지불했다. 그런데 배달원이 당신에게 맛있는 피자를 건네준 뒤에도 가만히 서 있다. 떠날 생각을 않고 우두커니.

이 피자 배달원은 요점을 방금 전달했는데도 어찌된 일인지 계속 말하고 있는 발표자 같다. 말을 길게 할수록 요점은 더 희미해지고 아득해진다.

이런 상황에 처하지 않으려면 요점을 성공적으로 피력한 순간을 알아차려야 한다. 그 순간에 이르렀을 때 바로 멈추거나 재빨리 결론을 지어야 무덤을 안 판다. 생각을 전달하고, 전달했음을 인지하면 바로 빠져나와라.

또 발표자가 흔하게 저지르는 실수는 자신의 마지

막 말을 다른 안건과 곧바로 연결하는 것이다. 이를테면 질의응답이나 다른 발표자의 서두를 연결한다. 이런 사람들은 청중이 마지막 요점을 충분히 소화할 때까지 전혀 틈을 주지 않는다. 이런 식이다.

"이 방법으로 우리는 과거 어느 때보다 더 많은 생명을 구할 수 있을 테고요, 이제 샐리가 나와서 다음 발표를 하겠습니다."

자질구레한 사안으로 넘어가느라 요점이 누려야 할 강조 효과를 뺏거나 파워 마침표의 파급력을 희석해서는 안 된다. 이를 해결하는 방법은 간단하다. 두 문장 사이에 가상의 휴지(休止) 문장을 넣어 속으로 읽어라. 그리고 다음 말을 하면 된다.

"이 방법으로 우리는 과거 어느 때보다 더 많은 생명을 구할 수 있을 것입니다."

(짝짝짝, 박수가 터질 테고)

"… 이제 샐리가 이 방법이 어떻게 우리의 예산도

절감해 줄 수 있는지 보여드리겠습니다." 또는

"… 이제 질문을 해 주시면 고맙겠습니다."

사람들이 마무리를 망치는 제일 큰 이유는 정리할 명확한 요점을 가지고 있지 않기 때문이다. 실질적인 요점이 없으면 주장할 논거가 없다. 그럼 결론을 맺으며 청중에게 제시할 뭔가도 없다. 때문에 전달해야 할 그 한 가지 핵심을 아무 소득 없이 찾아 헤매다가 불쑥 마치거나 질질 끌게 되는 것이다. 이런 상황을 우리는 건배사에서 자주 목격한다. 발표자가 생각하는 요점이라고는 이 정도밖에 없다.

"내 영원한 최고의 절친, 잭."

20분 뒤, 건배사는 요점을 찾느라 횡설수설 엉망이 되고 마는데, 물론 이는 잭의 영원한 최고의 절친이 술에 취해서가 아니다.

요점 세우는 법을
알려 줘라

회사에서 어떤 직위를 맡고 있나? '제대로 된 요점을 전달하는 법'은 당신이 어떤 위치에 있든 배우면 도움이 된다. 그러니 이 비법들을 혼자만 누리지 말고 직원과 동료, 친구들에게도 알려 줘라. 요점을 찾아내서 힘 있게 전달하는 법을. 곧 다른 사람들도 변화를 눈치 챌 것이다.

다음은 훈련을 시작하는 유용한 방법이다.

☑ 표현 유도하기

'나는 추천한다.'

'나는 제안한다.'

직원들에게 이같이 요점을 끌어내는 강력한 어구를 사용하도록 장려한다. 만일 직원들이 표현을 자연스럽게 쓰지 못한다면 버릇처럼 이렇게 물어라.

"자네가 추천하는 것은 뭔가?"

"자네가 제안하는 것은 뭔가?"

계속하면 직원들도 힌트를 얻을 것이다.

☑ 요점 표현 훈련하기

그룹을 만들어서 직원들이 '나는 생각한다' 문장처럼 요점을 표현하는 훈련을 하도록 한다. 이 방법은 그룹 전체에 도움이 된다. 내 경험에 따르면 사람들은 자신의 요점을 진술할 때 못지않게 다른 사람이 진술하는 것을 들으며 많이 배운다.

☑ 천천히, 크게 말하도록 하기

직원들에게 더 큰 목소리로 말하고 이따금 뜸을 들이도록 한다. 그리고 방안을 찾아내 제안하도록 장려한다.

☑ 더 큰 무대 만들기

실력을 갖춘 직원들에게는 내부 회의와 콘퍼런스 등에서 발표를 하라고 권유한다. 실전은 자신감과 강점을 길러 준다.

☑ 토스트마스터스 권유하기

대중 앞에서 말하는 것을 두려워하는 직원에게는 토스트마스터스 클럽에 가입하라고 조언한다. 여기에서 제일 잘하는 일이 초조해 하는 발표자에게 발표를 편안하게 느끼게 하는 것이다.

☑ ≪요점만 말하는 책≫ 읽기

직원, 동료, 친구들에게 이 책을 선물한다. 손해 볼 일은 없으니까!

나는 창의적인 직업이란 당신이 위험을 얼마나 감수하느냐에 달려 있다고 생각한다.

케이트 블란쳇 Cate Blanchett

8

요점의
원수 다섯 가지

원수 1.
그리고

 이 단순하고 세련되고 실용적인 요령들을 모두 숙달했다 해도 실제로 요점을 전달하려다 보면 여러 장애물에 부딪힐 수 있다. 앞에서 우리는 다른 사람이 당신의 요점을 방해하려 들면 어떻게 대처해야 하는지 살펴봤다. 이제부터는 좀 더 미묘한, 특히 자기 자신에게서 비롯되는 어려움들을 알아보겠다.

 "적을수록 많다less is more."

20세기 대표 건축가 미스 반 데어 로에의 말이다. 이를 말하기에 적용하면 말이 간결할수록 효과가 훨씬 많다는 뜻이다. 하지만 우리는 이 말도 마음에 새겨야 한다.

'많을수록 적다 more is less.'

이는 말이 많을수록 요점의 파급력은 더 적어진다는 뜻이다.

이것은 직관에 어긋나는 조언처럼 보일지도 모르겠다.

'어쨌든 요점도 집처럼 규모를 키울수록 가치가 높아지지 않을까?'

이런 생각으로 많은 발표자가 요점 하나에 다양한 아이디어를 이어 붙이느라 언뜻 상관없어 보이는 '그리고'를 쓴다.

문제는 '그리고'가 하나씩 늘어날 때마다 요점에서 힘이 빠진다는 점이다. 청중이 고려할 사항이 하나 더 생기기 때문이다. 내가 이번 장에서 서두를 어떻게 시작했는지 다시 보라.

　이 단순하고 세련되고 실용적인 요령들을 모두 숙달했다 해도….

당신은 이 장황한 형용사들에 담긴 의미를 모두 기억했는가? 이것들 중 하나라도 의미가 오랫동안 뇌리에 남았는가? 차라리 내가 이렇게 썼다면 어땠을까?

이 실용적인 요령들을 모두 숙달했다 해도….

이번에는 처리해야 할 아이디어가 하나만 제시됐다. 아마도 더 오래 기억에 남을 것이다.
이제 '그리고'가 더 실질적인 요점에 어떻게 영향을 미치는지 보자. 다음 두 문장을 비교해 보라.

● 예문

❶ 이 방법은 성공적으로 일하고 생명을 살리는 우리의 능력을 더욱 높여 주고 강화해 줄 것입니다.

❷ 이 방법은 생명을 살리는 우리의 능력을 더욱 높여 줄 것입니다.

내 눈과 귀에는 두 번째 예문이 훨씬 즉각적으로 들어온다. 게다가 이 요점은 애초부터 '성공적으로 일한다'와 '강화한다'가 필요하지도 않았다.

2장에서 나는 이 문제를 '갈라진 끝'이라고 불렀다. 여기에서는 갈라진 끝을 발견해 내는 법에 초점을 맞추겠다. 이 문제는 모두 '그리고'로 집약된다. 발표와 보고서를 준비할 때마다 스스로에게 두 가지 질문을 던져 '그리고' 테스트를 해 보기 바란다.

☑ 첫째, 이 모든 수식어가 필요할까?
☑ 둘째, 제일 강력한 수식어만 사용하면 무엇을 남기고 무엇을 빼야 할까?

분명 여분의 '그리고'들을 없애면 잃는 것보다 얻는 것이 훨씬 많을 것이다. 그렇다고 '그리고'를 모조리 없애야 한다는 뜻은 아니다. 이 테스트는 빈약하고 나쁜 형용사도 솎아 내게 해 결과적으로 당신의 요점을 더욱 두드러지게, ~~그리고 기억에 남게~~ 만들 것이다.

원수 2.
의미 없는 표현

6장에서도 언급했지만, 의미 없는 표현들은 여기에서 다시 한 번 요점의 적으로 강조해도 지나치지 않다. 말 하나 마나 당신은 의미가 통하는 말을 하고 싶지 의미 없는 말을 하고 싶지는 않을 것이다. 그런데 이런 단어들은 전형적으로 의미 없는 표현이다.

음 / 어 / 그래서

'토스트마스터스'는 대중 연설을 가르치는 유명한 단체다. 여기에서는 회원 중 한 명을 '어 세는 사람'으로 지정한다. '어'세는 사람은 말 그대로 발표자가 이런 목발 표현을 몇 번이나 쓰는지 센다.

자신이 의미 없는 목발 표현을 얼마나 자주 쓰는지, 특히 무슨 표현을 주로 쓰는지 아는 것은 중요하다. 하지만 알았다고 반드시 버릇이 고쳐지지는 않는다. 어떤 행동이 잘못됐음을 알아도 실제로 그 행동을 그만두기는 쉽지 않은 법이다.

우리에게는 그 해로운 행동을 대체할 뭔가가 필요하다. 지금 이 경우 대체 방법은 뭘까?

뜸 들이기다.

그러니까 당신의 목표는 의미 없는 말이 나오려는 순간을 알아채고 그 말을 하는 대신 뜸을 들이는 훈련을 하는 것이다.

6장에서 말했듯이, 뜸 들이기는 당신에게 할 말을 준비할 시간을 벌어 준다. 그래서 다음에 나올 말이 의미 없지 않은, 즉 의미가 통하는 말이 되도록 한다.

원수 3.
모든 사과

내가 발표에서 절대로 하지 말라고 제시하는 몇 가지 중 하나는 사과다. 절대로 사과하거나 심지어 양해해 달라는 말도 하지 마라. 공적인 사과의 문제는 당신이 목에 커다란 네온사인을 걸고 광고한다는 점이다.

'내가 망쳤어요!'라고.

청중은 사과를 잘 기억한다. 사과 표현은 그 자체

로도 당신이 그때까지 쌓아 올린 신뢰도에 깊은 흠을 낸다.

당신은 값진 생각을 공유함으로써 청중에게 호의를 베푸는 중임을 기억하라. 청중이 당신에게 호의를 베푸는 게 아니다. 그러니 말을 버벅거리거나 기침을 했어도, 한 페이지를 건너뛰었거나 딸꾹질을 했어도 사과하거나 양해를 받아야 할 아무런 이유가 없다. 그냥 발표를 계속하라. 필요하다면 사과 없이 정정만 하면 된다.

"우리는 성공률이 35퍼센트였습니다. 아니, 75퍼센트였습니다."

절대 하면 안 될 것이 또 있다. 절대로 얼마나 떨리는지, 얼마나 준비가 안 됐고 겁을 먹었는지 말하지 마라. 실제로 당신이 이렇게 느끼더라도 겉으로 드러내서는 안 된다. 이런 감정들을 불쑥 시인하는 것도 당신의 신뢰도를 무너뜨리기 때문이다.

"나 떨려요"는 '난 전문적이지 못해요'다.

중요한 것은 요점을 전달하는 일이지 개인적으로 어떤 인상을 남기느냐가 아니다. 떨려도 꿋꿋이 헤쳐 나가라.

원수 4.
속도

　과속은 자칫하면 목숨을 앗아간다. 요점의 목숨을 말이다. 많은 발표자가 미처 알지 못하는 사실이 하나 있다. 발표자가 말하는 시간보다 청중이 요점을 듣고 이해하는 데 걸리는 시간이 훨씬 오래 걸린다는 점이다.

　말이 빠른 사람들은 보통 입이 머리보다 빠르다. 그런데 발표자가 말이 빠르면 청중은 그야말로 정보를 미처 소화할 시간이 없어서 그 정보를 제대로 받아들이지 못한다. 또 발표자는 말을 빨리 하면 요점을 구상할 시간이 없어진다. 이상적으로는 상황이 반대가 돼야 한다. 머리가 입보다 훨씬 앞서나가서 말과 생각을 마치 잠시 뒤에 내리칠 배구공처럼 정확히 준비해 둬야 한다.

만일 당신이 말이 빠른 사람이라면 내가 '제한 속도를 준수하라'고 말해도 소용이 없을 것이다. 속도는 제어하기 어렵기 때문이다. 하지만 브레이크는 다르다. 여기에서 브레이크는 두 가지다.

☑ **성량**
☑ **뜸 들이기**

목소리를 높이려면 숨이 더 많이 필요하다. 그래서 말을 빨리 하기가 어려워진다. 뜸은 들이다 보면 속도가 깨지면서 스스로 수정하고 요점을 구상할 찰

나들이 생긴다.

 내가 학생들에게 종종 청중을 전부 '귀가 어둡고 엄청나게 멍청한' 사람들로 간주하라고 말한다. 이렇게 생각하면 발표자가 천천히, 큰 목소리로, 게다가 더 쉬운 표현으로 말하게 만든다. 그리고 이런 발표 자세는 언제나 좋은 결과를 낸다. 청중의 실제 아이큐와 상관없이.

원수 5.
국토불안부

　많은 여론 조사에 따르면, 대중 앞에서 말하기를 죽기보다 두려워하는 사람들이 상당하다. 여기에서 분명히 짚고 넘어가자. 사람들이 두려워하는 것은 대중 앞에서 말을 하는 게 아니다. 대중 앞에서 창피를 당하는 거지. 그럼 대중 앞에서 말을 안 해 버리면 될까? 절대 아니다.

　해결책은 당신이 톡톡히 망신을 떨 수도 있다는 생각을 안 하는 것이다. 당신에게 망신당할까 떨고 있다고 제일 자주 말하는 사람은 누구인가?

바로 당신이다. 당신의 머릿속 목소리가 말한다.

"넌 일을 망치고 있어⋯."

"다들 너를 따분하다고 생각해⋯."

"넌 멍청한 소리를 하고 있어⋯."

"너 엄청나게 긴장돼 보여. 정말 그렇잖아!"

이 목소리가 내면에서 흘러나오고 실제로 들리는 것 같기 때문에 당신은 그 말들을 그대로 믿고 싶어 한다. 하지만 그 목소리는 당신의 머리에서 나오는 게 아니다. 내면의 국토불안부, 즉 불안이 붙어사는 곳에서 나온다.

그럼 그 목소리의 배후는 누구일까? 배후는 국토불안부의 대변인이자 수석 로비스트다. 그를 로이라고 부르자. 당신이 로이에 대해 알아야 할 한 가지, 바로 거짓말쟁이라는 점이다. 그는 단순히 어설프거나 판단을 잘못 내리는 게 아니다. 사악하게 거짓말을 하고 있다. 로이가 하는 일은 당신에게 안전하지 않다는 느낌을 불러일으키고 스스로를 의심하게 만드는 것, 그리고 자신감을 드러내기 위해 애쓰는 당신의 모든 노력을 허물어뜨리는 것이다.

그런데 왜 그를 신뢰하는가? 나는 사람들이 발표를 시작하면서 이렇게 운을 뗄 때마다 로이의 농간을 본다.

"별로 잘하지 못할 거예요…."

"좋아요, 밑져야 본전이죠…."

"아, 완전히 망했어요."

또 말하다 말고 주저앉을 때마다, 또는 발표를 끝낼 때 얼굴을 구길 때마다도 마찬가지다. 로이는 자기 파괴를 유도하는 데 선수고, 그 결과를 얻어 내기 위해 거짓말을 한다.

그럼 발표하기 전에 가슴에서 파닥거리는 그 나비

들은 뭐냐고? 나비들은 가슴 속에 있는 게 아니라 머릿속에 있다. 게다가 그 나비들은 거기에서 부화한 게 아니라, 거기로 방사됐다. 로이에 의해서 말이다.

그렇다면 발표 불안을 어떻게 극복할까?

☑ 요점을 파악하라

자신의 요점을 모르는 사람은 누구라도 떨게 돼 있다.

☑ 발표 시간은 당신과 상관이 없다

심지어 말솜씨와도 상관이 없다. 상관이 있는 것은 오직 당신의 요점뿐이다. 해야 할 일은 요점을 전달하는 것, 그게 전부다.

☑ 큰 소리로 연습하라

머릿속으로 하거나 중얼거리면 안 된다. 연습의 핵심은 입과 머리가 함께 요점을 구상하고 전달하는 것이다. 실제 입으로 소리 내 연습하라.

앞서 말했듯이 요점이 제대로 전달됐는지 확인하는 유일한 방법은 나중에 청중 가운데 한 사람에게 다가가 묻는 것이다.
"제 요점을 듣고 이해하셨나요?"

그럼 끝이다.

머릿속 거짓말쟁이 로이의 말, 거울 속 당신의 얼굴, '정말 잘했어!'라고 추켜세우기만 하는 든든한 직장 동료와 학우들의 반응은 의식하지 마라. 당신의 연설이 얼마나 성공적이었는지 정확히 평가하는 데 아무런 쓸모가 없다.

나는 목적이란 신성하게 내려진 것이 아니라 사람이 정한 무언가라고 생각한다.

마이클 J. 폭스 Michael J. Fox

9

실전
시나리오

시나리오 1.
발표

　이제까지 요점을 이해하는 법, 요점을 피력하고 가장 효과적으로 판매하는 법을 배웠다. 이번 장에서 배운 내용들을 절체절명의 위기와 값진 기회를 동시에 품은 구체적인 시나리오에 적용해 보자. 모든 비법을 하나로 모았다. 이 책은 당신을 안에서부터 바깥까지 총체적으로 튼튼해지도록 도울 것이다.

　발표 잘하는 법에 관한 조언은 차고 넘친다. 하지

만 이제 당신은 안다. 호흡과 몸짓을 적절히 하거나 올바른 자세로 서고 세련되게 입는 것보다 더 중요한 일이 제대로 된 요점을 갖추는 것을 말이다. 성량을 높이고 뜸 들이기를 활용하는 것도 안다.

발표자가 자신이 무슨 말을 하는지 아는 듯 보이는 것과 그가 정말로 요점을 잘 전달하는 것은 전혀 다르다. 당신이 비 오듯 땀을 흘리고 있든 얼음처럼 차분하든 이 질문들은 기본이니 스스로에게 물어라.

☑ 내가 대본을 읽고 있나?

많은 사람이 발표를 준비하는 처음 단계부터 터무니없는 실수를 저지른다. 발표문을 곧이곧대로 작성해 두는 것이다.

키노트로 발표를 하거나 스크린에 원고 내용을 띄워 주는 장치인 텔레프롬프터를 이용하지 않는 이상 발표문을 적어 둘 일은 거의 없다.

발표문을 쓰지 말아야 할 제일 큰 이유는 대본을

읽듯이 발표하는 것은 바람직하지 않기 때문이다. 원고를 읽으면 자주 시선을 떨궈야 하고 청중과 눈을 맞추지 못한다. 눈맞춤은 청중의 주의를 끌어당기는 매우 중요한 요소다. 청중에게 원고를 읽어 주면서 동시에 진심에서 우러난 호소처럼 보이기는 아주 어렵다. 좋은 발표들은 발표자가 신선한 아이디어를 즉석에서 공유하는 것처럼 보이게 만든다. 며칠, 몇 주 전에 작성해 둔 원고를 줄줄 읽듯이 보이게 하지 않는다.

흔히 시적인 언어로 말하면 점수를 딸 거라고들 생각한다. 하지만 여기에는 간과한 문제가 숨어 있다. 청중은 발표를 읽는 게 아니라 '듣고 있다'는 점이다. 대체로 듣는 사람들은 당신의 표현을 기억하지 못한다. 요점이 있다면 당신의 요점만 기억한다.

자, 청중에게 아름다운 표현과 마음을 울리는 요점 중에 하나만 각인시킬 수 있다면 어느 쪽을 택하겠는가?

긴장을 누그러뜨리려고 대본을 쓰겠다고? 그것은 잘못된 방법에 의존하는 행동이다. 자칫 발표의 목표 자체를 좌초시킬 수도 있다. 나는 원고를 읽는 발표자가 대본에서 어디를 읽을 차례인지 놓쳐서 다시 찾느라 애먹는 모습을 한두 번 보지 않았다. 말하는 사람이 대본을 붙들고 다음 대목을 찾아 두리번대는 것보다 의사 전달을 망치는 일도 드물다.

청중과의 빈약한 관계, 효과 반감, 진정성 떨어짐, 실수할 높은 가능성….

이런 것들이 단순히 멋들어진 표현 몇 개를 위해 지불해야 할 대가다. 발표하기 전에 체크해 보자. 이대로만 지켜도 아주 훌륭하다.

☑ 처음 30초 안에 요점을 드러냈나?

요점을 마지막에 빵 터뜨려야 하는 클라이맥스나 미리 알리면 김새는 스포일러처럼 취급하지 마라. 요점은 일찍이 밝혀서 청중이 발표자가 자신을 어디로, 왜 끌고 가는지 알게 만들어야 한다.

☑ 간략한 메모를 준비해 뒀나?

주된 요점과 몇몇 사례, 또는 하위 요점들을 머릿속에 정리해 뒀다면, 그 내용을 작은 카드에 완벽한 문장이 아닌 최소한의 단어만을 사용해 적어 둔다. 이 메모는 목적이 하나다. 전달할 요점, 그리고 적어 두지 않으면 까먹을지 모를 통계 수치나 이름 같은 세부 사항을 기억나게 하는 용도다. 이 밖에 어떤 내용도 메모에 들어가서는 안 된다.

이 메모는 공연하는 밴드의 선곡 목록과 비슷해야 한다. 슬쩍만 봐도 발표자가 기억해야 할 핵심 사항과 그 순서가 바로 눈에 들어와야 하기 때문이다.

　나는 학생들의 발표를 평가하기 전에 그들의 메모부터 점검한다. 만일 메모를 보고 내가 대신 발표해도 될 정도로 이해가 된다면 정보가 너무 많은 것이다. 그래서 메모 내용을 대폭 줄이라고 요구한다. 내가 원하는 메모는 커닝 페이퍼처럼 생겨서 발표자 본인 외에는 아무도 알아보지 못하는 정도다.

　이를 훈련하면서 발표자는 자기가 메모에 얼마나 덜 의지하는지 체크하고, 거기에 맞춰 메모를 다시 작성해야 한다. 그래서 처음에는 종이 한 면을 가득 채웠던 개요가 주요 항목 몇 가지만 적은 작은 메모 카드가 돼야 한다.

　그런데 사람들이 저지르는 큰 실수 중 하나는 메모가 청중이라도 되는 듯이 메모를 쳐다보면서 말하는 것이다. 하지만 그 종이쪽지에 대고 쏟아 놓는 내용은 청중에게는 전달되지 않는다. 그러니 분명히 말하겠는데, 메모에는 신경을 덜 쓸수록 좋다.

청중은 발표자의 짧은 침묵을 기억하지 못한다는 점을 명심하라. 그러니 메모를 내려다볼 때는 필요한 내용을 찾을 때까지 말을 멈춰라. 그런 다음 고개를 들고 다시 설명을 시작하면 된다.

☑ 그냥 즉흥적으로 하면 안 될까?

어떤 사람들은 자신의 방대한 지식이나 경험으로 그 지식을 효과적으로 전달하는 천부적인 재능까지 생긴다고 착각한다. 나는 이런 모습을 특히 변호사와 교수들에게서 자주 발견했다. 이는 거의 예외 없이 횡설수설 발표를 망치는 지름길이다.

내가 몇 해 전에 알던 한 회사의 사장은 임원 프레젠테이션 때 '그저 한두 가지 생각'을 덧붙이기 좋아했다. 그럴 때면 보통 한 시간, 그 이상 떠들고는 했다. 준비해 뒀던 메모를 손에 말아 쥔 채 스스로 영감 어린 통찰의 흐름이라고 여기는 것을 주절주절 풀었던 것이다. 들어 줄 만한 경우에도 겨우 짜증나지 않은 정도였는데, 그가 수없이 말하는 내용 중에 청중의 뇌리에 남거나 어떤 의미 있는 효과를 불러일으키는 것은 거의 없었다. 최악의 경우에는 청중이 그가 물고문과 맞먹는 '말 고문'으로 자기들을 괴롭히는 데 분개했다.

결론, 지금 막 말을 하려는데 즉흥적이라는 기분이 든다면 당장에 멈춰라. 그런 다음 가장 중요한 요점을 찾아내 그 요점으로 시작하고 계속 그 요점을 뒷받침하라.

☑ **내가 제대로 훈련했을까?**

누구나 연습이 중요하다는 사실은 안다. 하지만 앞서 말했듯이 발표 내용을 혼자 중얼거리는 연습은

별 도움이 안 된다. 보통은 뭔가를 외울 때 중얼거리지 않은가? 당신이 하려는 일은 암기가 아니다.

연습의 핵심은 발표 내용을 실제처럼 큰 목소리로, 온전한 표현과 문장으로 전달하는 것이다. 그렇다고 카메라나 거울, 또는 동료가 꼭 있어야 하는 것은 아니다. 그저 큰 소리로 말하기만 하면 된다.

어떤 사람들은 비디오로 촬영하면서 연습한다. 비디오는 미디어를 대비한 훈련에는 꼭 필요하고 대중 연설을 훈련할 때는 선택 사항이다. 하지만 나는 워크숍을 진행할 때 비디오를 활용하지 않는다. 이유는 두 가지다.

❶ 비디오 화면으로 자기 모습을 볼 때 우리는 자신을 객관적으로 볼까?

'내가 요점을 효과적으로 전달하고 있나?'

아니다. 대신 카메라와 거울 앞에서 평생 해 오던 대로 자기 이미지를 평가하면서 이렇게 묻는다.

'머리 모양은 괜찮은가?'

'바보 같이 보이지는 않나?'

'이는 하얀가?"

자기 객관화가 안 된다. 때문에 비디오를 활용해 요점 전달 능력을 향상시키기는 만만치 않은 일이다.

❷ 비디오는 약점을 드러낼 수는 있다. 하지만 단순히 약점을 '아는 것', 이를테면 '음'이라는 말을 얼마나 자주 쓰는지 아는 것만으로는 스스로 교정하는 데 도움이 되지 않는다.

☑ 내가 전략상 중요한 이야기를 하고 있나?

청중은 이야기를 사랑한다. '대중 앞에서 말하기'가 주제인 근래의 글 대다수가 스토리텔링을 언급한다. 하지만 관련성이 없는 이야기는 그냥 이야기일 뿐 그 이상 아무것도 아니다. 요점을 뒷받침하기 위해 이야기를 활용하기로 한다면 다음 두 가지를 명심해야 한다.

❶ 이야기는 '전략상 중요한 이야기'다. 단순히 분위기를 즐겁게 전환하는 용도가 아니다. 요점을 증명하고, 명확하게 만들고, 예증하는 이야기여야 한다.

❷ 이야기를 요점에 분명히 결부하기 전까지는 이야기의 목적이 달성된 게 아니다. 나는 이야기를 해 놓고 요점과의 관련성을 설명하지 못하는 사람들을 너무나 자주 본다. 관련성은 이런 식으로 드러나야 한다.

"내가 이 이야기를 한 이유는 이것이 얼마나 … 한지를 보여 주기 때문입니다."

이렇게 맥락과 연관 짓지 않는 발표자는 청중에게 알아서 요점을 이해하라고 귀찮은 일을 떠넘기는 셈이다.

이런 상황을 가상의 사례를 들어 설명해 보겠다.

- **예시**
❶ 어떤 CEO가 자신의 첫 직장에서의 경험을 이야기한다면?

→ 고된 업무에 관한 자신의 인식을 예증하고, 그 점을 분명히 밝혀야 한다.

❷ 어느 보험설계사가 지진에 관해 이야기한다면?

→ 재난에 대비해야 할 필요성을 예증하고, 그 점을 분명히 밝혀야 한다.

❸ 어느 동물 보호 활동가가 구조된 핏불 테리어에 관해 이야기한다면?

→ 더욱 강력한 동물 학대 방지법의 필요성을 예증하고, 그 점을 분명히 밝혀야 한다.

시나리오 2.
파워포인트

    어떤 사람들은 파워포인트가 융통성 없는 도구라고 여긴다. 상상력을 부족하게 만드는 구조를 강요한다는 이유다. 그래, 맞다. 하지만 그 구조를 영리하게 짜면 다르다. 증거와 예시, 하위 요점들을 정연하게 배열함으로써 주된 요점을 한결 부각할 수 있다.

    효과적인 파워포인트 프레젠테이션은 발표자가 초점을 벗어나지 않게 한다. 또 글이나 사진, 도표를 이용해 요점을 가시적으로 뚜렷하게 만든다. 이는 시각형 학습자, 즉 보는 것을 통해 제일 잘 배우는 사람들에게 특히 중요하다. 나 역시 시각형 학습자기 때문에 이 점을 잘 안다. 스크린에 보강된 요점을 눈으로 볼 때 그 내용을 더 잘 이해한다. 반면 귀로만 들어야 할 때는 훨씬 더디다.

정말로 탁월한 효과를 내기 위해서는 파워포인트 프레젠테이션도 몇 가지 구체적인 기준을 충족해야 한다. 여기에서 말하는 기준들이 파워포인트를 활용하는 모든 비결과 요령을 다룬 것은 아니다. 그런 책은 널리고 널렸다. 어쨌거나 요점을 전달하는 데는 지극히 중요한 요소다.

☑ 각각의 슬라이드가 내가 말하려는 요점에 전체적으로 기여하고 있나?

타이틀 슬라이드 다음에 나오는 모든 슬라이드는 당신의 주된 요점을 받쳐 줘야 한다. 만일 어떤 슬라이드가 요점을 어떻게 뒷받침하는지 설명할 수 없다면 그 슬라이드를 다시 구성하거나 아예 잘라 버려야 하는지 고려하라.

타이틀 슬라이드에 이미 요점이 잘 녹아 있다면 당신은 청중의 관심을 사로잡는다는 점에서 순조롭게 출발한 것이다. 두 슬라이드를 비교해 보자.

- 슬라이드 1

> **소셜 미디어 활용하기**

- 슬라이드 2

> **소셜 미디어를 활용해
> 브랜드 친화성 높이기**

☑ 각 슬라이드의 관련성을 설명할 준비가 돼 있나?

각각의 슬라이드마다 정보와 아이디어, 요점, 심지어 제안까지 담길 수 있다. 하지만 그 관련성을 설명할 수 있는 것은 당신뿐이다. 온갖 부가 기능이 있고 편리함에도 불구하고 파워포인트가 그 일까지 하지는 못한다.

그러므로 슬라이드를 하나씩 보여 줄 때마다 이런 식으로 말하라.

"이것은 X, Y, Z를 예증한다 / 입증한다 / 뒷받침한다는 점에서 관련이 있습니다."

이렇게 관련성을 명확하게 밝혀야 하는 것은 배경이나 역사에 초점을 맞춘 슬라이드에서도 예외가 아니다. 발표자가 말로 설명하는 도입 두 가지를 비교해 보자.

"우선 역사부터 살펴봅시다. 2012년에….".

두 번째는 요점을 좀 더 부각한다.

"이 프로젝트에서의 역사 검토는 현재 우리의 성공을 가늠해 볼 수 있는 중요한 기준점을 제시할 것입니다. 2012년에….".

☑ **완전한 문장을 모두 없애거나 축약했나?**

각각의 슬라이드에는 쓸데없는 표현이 없어야 한다. 기억하라. 파워포인트는 입으로 전달하고 있는 아이디어를 시각적으로 강조할 뿐이다. 완전한 문장의 형태는 필요하지 않다.

☑ **파이프 앤 파이브 법칙을 따랐나?**
☑ **글머리 기호로 하위 요점들을 분리해 놨나?**

파이브 앤 파이브 법칙five and five rule이란 슬라이드 각각에 글머리 기호를 단 구절이 다섯 줄을 넘지 말아야 하고, 각각의 구절은 다섯 단어를 넘지 말아야 한다는 법칙이다. 단어나 줄 수를 융통성 있게 변주하는 한에서 나는 이 법칙에 동의한다.

글머리 기호는 요점 전달을 간결하게 만든다. 뿐만 아니라 청중이 슬라이드를 빨리 읽고 발표자를 더 오래 쳐다볼 수 있게 해 준다.

☑ 슬라이드에 쓰인 단어와 도표가 회의장 맨 뒤에서도 읽을 만한가?

맨 뒤에 앉은 청중에게 슬라이드의 단어와 그래픽이 보이지 않는다면 크기가 너무 작은 것이다. 앞줄에서만 보이는 슬라이드 하나보다는 모두가 읽을 수 있는 슬라이드 두세 개가 낫다. 어떤 발표자도 이렇게 말할 일이 생겨서는 안 된다.

"맨 뒤에서 이 도표가 잘 보이지 않을 수도 있다는 것은 알지만…"

#폭망.

☑️ **쓸데없는 슬라이드가 있지는 않은가?**

요점을 명확하게 뒷받침하지 않는 슬라이드는 쓸데없다. 그 기준을 충족하지 못하는 슬라이드는 잘라 버려라.

일부 프레젠테이션 구루는 이를테면 '근성', '혁신' 같이 단어 하나만 담긴 슬라이드나, '당신의 연^{kite}을 쫓으십시오'처럼 알쏭달쏭하지만 멋있는 문구를 적은 슬라이드를 추천한다. 청중이 글머리 기호를 단 항목보다 이런 단순한 문구를 더 잘 기억할 거라면서 말이다.

그럴지도 모르지만, 다음 사항들을 고려해 보자.

❶ 청중이 '근성'이나 '당신의 연을 쫓으십시오'를 기억한다손 쳐도 일단 맥락과 분리되면 이런 문구들이 무엇을 의미할까? 과연 어떤 가치를 담고 있을까? 아마 당신이 가장 최근에 포춘 쿠

키에서 꺼낸 속담 한마디 정도의 의미와 가치 밖에는 안 될 것이다.

❷ 프레젠테이션은 기억력 테스트가 아니다. 청중은 메모를 하는 경우가 많고, 보통 행사가 끝난 뒤에 파워포인트 인쇄물도 얻을 수 있다. 청중에게 내용 실한 자료를 제공할 수 있는데도 무엇 하러 상대적으로 요점 없는 자료를 떠넘기는가?

❸ 계속 되풀이되는 이야기다. 발표자의 임무가 무엇인가? 요점을 전달하는 것이다. 되는 대로 말하는 게 아니다.

☑ **슬라이드가 나를 돕나, 내가 슬라이드를 돕나?**

발표자가 회의장 한구석에서, 또는 심지어 자기 자리에 앉아서 클리커를 손에 들고 슬라이드를 넘기며 내용을 읽어 주는 경우를 심심찮게 본다. 또는 파워포인트가 주목받을 수 있게 어두운 곳에 서서 발표하는 이들도 있다.

이럴 때 발표자는 자격 박탈이다. 요점 전달자로서의 중요한 역할을, 그리고 그 역할에 부여된 모든 권위와 신뢰마저도 한낱 기술 도구에 양도하는 셈이다. 결국 발표자는 초라해지고 파워포인트는 위대해진다.

당신도 이런 사람인가? 이제부터라도 주도권이 넘어가는 것을 불쾌하게 여겨야 한다. 당신의 파워포인트는 대학 졸업장을 따지도 않았고 살면서 단 하루도 꼬박 일해 보지 않았다. 당신처럼 학식이 있거나 자격을 갖추거나 신뢰할 만하지도 않다. 그런데 왜 당신이 뒷전으로 나앉는가?

훌륭한 발표자들은 기술 도구가 자기 대신 요점을 설명하게 만들지 않는다. 그들은 무대 중앙에 서서 조명을 한 몸에 받으며 요점을 피력한다. 슬라이드는 등 뒤에서 자기를 지원하게 두고 말이다.

나는 파워포인트를 사용할 때 내가 시야를 가려서 청중이 스크린을 보지 못해도 전혀 개의치 않는다. 결국에는 보게 될 테고, 나의 주된 목적은 청중이 요점을 나에게서, 이 일을 하기에 가장 적합한 인물인 나에게서 직접 전달받게 하는 것이기 때문이다. 기술은 항상 지원하는 역할만 맡는다.

시나리오 3.
이메일

이메일로 요점을 명확하게 설명하는 것도 다른 어떤 형태의 의사소통 못지않게 중요하다. 많은 사람이 요점을 수신자에게 호소력 있게 전달하지 못한다. '보내기' 버튼을 누르기 전에 요점이 최대한 강력한 방식으로 정리됐는지 확인해 보자.

☑ **제목에 요점이 들어 있나?**

이메일 제목란은 요점을 암시할 최고의 위치다.

이 자리를 최대한 활용하기 위해 제목은 이처럼 명확하고 간결하게 작성하라.

〈기초시설 제안에 관한 의견〉

그리고 한 스레드의 제목이 더 이상 쓸모없어졌거나 논의를 새로운 방향으로 끌고 가고 싶다면 주저 말고 바꿔라. 스레드는 이메일에서 한 통의 편지와 그 답장을 한곳에 모아 놓은 것이다. 한 가지 주제를 집중적으로 논의하는 데 유용하다. 옛날 제목 아래 들어 있는 새로운 내용만큼 엉뚱한 경우도 없다.

☑ 여기에 글머리 기호를 달면 더 나을까?

글머리 기호를 사용하는 게 더 나을지 어떨지 잘 모르겠다면, 낫다. 글머리 기호는 요점을 비추는 손전등이다. 이렇게 말하는 손전등.

"여기를 봐, 이게 얼마나 맞는 말인지 보라고."

좋은 방법은 핵심을 명확하게 진술한 뒤에 글머리 기호를 이용해 논증을 제시하는 것이다.

● **예문 1**
회사의 내부 인력을 활용하는 것은 유익한 방안이다. 왜냐하면,
▶ 값비싼 거래처들의 가격 인상을 고려하지 않아도 된다.
▶ 직원들의 능력 계발과 기술 다양화를 시도할 새로운 기회가 생긴다.
▶ 프로젝트를 우리가 처음부터 끝까지 통제할 수 있고 필요할 때 언제든 수정할 수 있다.

당신이 이메일을 받았다고 가정하고 이 예문을 다음 글머리 기호 없는 내용과 비교해 보라.

● **예문 2**

회사의 내부 인력을 활용하는 방안은 회사에 이득이 될 것입니다. 왜냐하면 수시로 서비스 가격을 인상하는 값비싼 거래처들의 요구를 무시할 수 있고, 직원들의 능력 계발에 새로운 기회를 부여하면서 그들의 기술도 다양하게 확대할 수 있습니다. 또한 우리 스스로 프로젝트를 처음부터 끝까지 통제할 수 있을 뿐 아니라 필요할 때 언제든 수정할 수도 있기 때문입니다.

어느 방식이 당신에게 발신자의 주장을 더욱 분명하게 전달하는가?

☑ **제기한 문제의 해법도 제시했나?**

예전에 내 상사 중 한 명은 이렇게 지시했었다.

"비판할 사람은 반드시 그 문제를 바로잡을 제안도 하세요. 아예 비판을 제안형으로 표현하거나요."

이 규정은 직원들의 생산성과 사기, 양측에서 어마어마한 차이를 만들었다. 아무도 치고 빠지듯 반대만 하는 사람을 좋아하지 않을뿐더러, 건설적인 제안이 더 수월하게 받아들여지고 행동도 더 쉽게 촉진하기 때문이다.

"나는 우리가 그렇게 하지 말았어야 한다고 생각한다"가 아니다.

"나는 우리가 이렇게 해야 한다고 생각한다."

☑ 세 문장 이상으로 구성된 문단이 있나?

가십거리가 적혀 있는 게 아닌 이상 읽는 사람은 네다섯 번째 문장쯤에서 흥미를 잃기 시작할 것이다. 그러니 독자의 흥미를 붙들어 두려면 긴 문단을 짧게 나눠야 한다. 문단 나누기는 소소한 장(章) 변화와 비슷하다. 각 문단마다 독자의 주의를 새롭게 환기시킨다는 뜻이다.

✅ 사실 관계가 올바른가?

뉴스를 송출하는 거의 모든 곳이 그렇듯이, 비즈니스 이메일도 신뢰성이 생명이다. 그리고 신뢰성은 송출자가 대안적 사실이 아닌 진실만을 전하고 있다는 절대적 믿음에서 나온다. 그러므로 반드시 사실 관계를 점검해야 한다. 또한 분명히 당신의 요점을 뒷받침할 수 있는지 확인해야 한다.

✅ 문법 오류를 점검했나?

철자와 문법 오류는 독자의 주의를 크게 흐트러뜨릴 수 있다. 심지어 당신의 신뢰도에 금이 가게 할 수도 있다. 반드시 이메일을 다시 읽어 보고 철자를 점검한 뒤에 전송하라. 더 조심하고 싶다면 내용을 새로운 눈으로 볼 수 있게 다른 서체로 바꾸거나 글자 크기를 키워서 다시 읽어 보라.

☑ **제안이나 추천, 또는 권유로 결론을 맺었나?**

기억하라. 요점은 그냥 공유되는 게 아니라 반드시 '팔려야' 한다. 그런데 왜 다음 단계를 그저 운에 맡겨 두겠는가? 당신의 요점을 구체적인 제안이나 권유로 강화하라. 이를테면,

'다음 주 목요일에 다시 만나자.'

'나는 우리 프로젝트 계획서를 앨리사가 작성할 것을 제안한다.'

시나리오 4.
직원회의

당신이 설명하는 대다수의 요점은 강당에 들어찬 청중 100명을 대상으로 하지는 않을 것이다. 그보다는 회의실에서 10명이 안 되는 사람들과 같이 앉아 있을 경우가 더 많다. 그나마 일부는 집중하는 척하면서 핸드폰을 만지작거릴 것이다.

이런 환경이라도 지금껏 말한 '요점 전달 원칙'은 대부분 유효하다. 특히 이 사항들이 그렇다.

- ☑ 당신의 요점을 파악하라
- ☑ 미리 준비하라
- ☑ 큰 소리로 말하라
- ☑ 정확성을 높이기 위해 뜸을 들여라
- ☑ '나는 추천한다', '나는 제안한다'고 말하라
- ☑ 표현의 경제성을 유념하라
- ☑ 당신의 임무는 '요점 전달'임을 명심하라

요점을 미리 수첩이나 랩톱에 적어 뒀다가 회의 때 가져가면 도움이 된다. 이런 메모는 당신이 요점을 피력해야 할 때 쓸모가 있다. 줄줄 읽지 않는 이상 자연스러워 보일 것이다. 꼭 즉흥적으로 해낼 필요는 없다.

시나리오 5.
사내 의사소통

임원들은 정례적인 담화와 직원회의, 행사 기념사, 전 직원에게 보내는 안내문같이 중요한 사내 소통에서 많은 책임을 맡고 있다. 다루는 주제도 직원 격려부터 대대적인 조직 개편에 이르기까지 다양하다. 하지만 주제가 아무리 다양해도 각각의 의사소통이 지켜야 할 원칙은 동일하다. 애초에 분명한 요점을 갖추고 시작해야 한다는 점이다.

이 문장을 보자.

- 예시 1
❶ "직원 감사일을 축하합시다!"
❷ "직원 감사일을 맞이하여 훌륭한 동료들을 인정하는 하루를 보냅시다!"

- 예시 2
❶ "이번 조직 개편은 회사에 도움이 됩니다."
❷ "이번 조직 개편으로 생명을 살리는 우리의 임무에 효율이 증가할 것입니다."

각 예시의 ❶과 ❷ 중 어느 문장이 더 분명한가?

다음은 그 밖의 자가 체크 리스트다. 조직의 최상층에서 나오는 요점을 강화하는 방법들이다.

☑ 요점을 빙빙 돌리지는 않았나?
기자들은 핵심 요점을 밝히지 않고 곁가지를 장

황하게 늘어놓을 때 '빙빙 돌린다'고 비난받는다. 첫째 줄이나 둘째 줄에 나와야 할 내용이 두 번째 문단에서야 슬그머니 나오는 경우인데, 보통 기자가 자기 나름의 서두를 부풀리는 데 심취했을 때 벌어진다.

임원들도 이런 실수를 자주 저지를 것이다. 멍석을 깔거나 분위기를 띄우려다가 정작 요점을 빙빙 돌려 버리는 것이다. 이렇게 할 때 발표자는 청중에게 오해를 사거나 핵심 메시지를 약화시킬 위험이 있다.

주된 요점을 일찍 밝히는 것은 예고편 역할을 한다. '이것이 내가 여러분에게 보여 주려는 것입니다'라는 식이다. 예시를 보자.

● 예시 3

"직원 여러분, 저는 시간을 아껴 주는 도구들을 무척 좋아합니다. 일을 더 효율적으로 할 수 있기 때문입니다. 그래서 저는 최근에 우리 IT 상품들과 클라우드 기반 서비스, 나아가 IT 부서의 근무 일정표에도 질적 개선이 이뤄졌음을 알리게 돼 대단히 기쁩니다. 저는 이런 개선을 통해 우리가 역량을 최고로 발휘하기가 훨씬 수월해진다고 믿습니다."

참고로 현재 시제를 쓰라. 이런 안내문은 생생한 커뮤니케이션이다. 이렇게 바꿔라.

'말씀드리고 싶었습니다.'
→ '말씀드리고 싶습니다.'

사소한 차이 같지만 우리는 '…를 전하게 돼 자랑스러웠습니다'라거나 '…를 발표하게 돼 무척 기뻤습니다'라고는 쓰지 않지 않나? 그러니 '싶습니다'도 과거로 쓰지 마라. 항상 말을 전하는 그 순간에 존재하라.

☑ 간결하게 했나?

간결함은 미덕이다. 직원들은 대부분 안내문을 읽거나 회의에 참석한 뒤에 재빨리 자기 업무로 돌아가고 싶어 한다. 그러므로 신속하게 요점으로 들어가 직원들이 시간을 내준 데 고마움을 표시하고 실제로 감사 인사를 한 뒤에 곧바로 자리를 비켜 줘라. 머뭇대는 피자 배달원이 되지 마라.

빼 버릴 수 있는 말, 특히 나쁜 형용사를 골라내고 당신 귀에는 훌륭하게 들리지만 '알아야 하는 내용'보다는 '알리고 싶은 내용'들을 걸러 내라.

☑ 포부로 끝을 맺었나?

고무적인 분위기를 만드는 좋은 방법은 무엇일까? 직원과 회사에게 이득이 되는 동시에 당신이 궁극적으로 성취하고 싶은 어떤 열망을 전달하는 것이다. 이는 희망찬 분위기로 마무리하는 방법이기도 하다. 그러니 당신이 전할 수 있는 가장 희망찬 메시지를 찾아내 그 지점에서 직원들의 노고도 끌어들여라.

● 예시 4

"나는 우리가 최고의 성취를 이룩할 날이 코앞에 다가와 있다고 믿습니다. 헌신적이고 활기 넘치는 여러분의 모습을 볼 때, 나는 우리가 거기에 곧 도달하리라는 확신이 듭니다."

☑ 감사의 말을 잊지는 않았나?

상사가 직원에게 전달할 수 있는 가장 쉽고 값진 말은 감사다. 직원 입장에서 상사의 감사는 금박으로 포장된 초콜릿 상자다. 임원이라면 모든 의사소통에 감사의 말을 포함해야 한다. 뭉뚱그려서 말하든, 특정한 수고를 끄집어내든 고맙다고 말하라.

● 예시 5

"대단히 헌신적으로 일하는 모습을 봤습니다."

"젠이 이뤄 낸 대단한 결과에 주목해 주시기 바랍니다."

임원이 인정하면 직원들이 따르고 단박에 주의를 기울이는 등 파급력이 실로 대단하다. 감사는 간단하게 분위기를 전환하면서 핵심 요점을 소개하거나 강조할 수 있는 훌륭한 방법이다.

● 예시 6
"IT 팀의 탁월한 성과는 내부 구성원의 발전이 얼마나 유익한지 여실히 보여 줍니다."

시나리오 6.
업무 평가

　구두로 업무 평가를 전달하는 일을 가볍게 여기면 곤란하다. 직원 업무 평가는 단순히 직원들의 발전과 승진에만 연관된 게 아니다. 임원 자신이 자기의 업무를 성공적으로 해내는 데 필요한 지원을 확실히 얻어내는 일과도 관련된다. 업무 평가의 성공 여부는 요점을 얼마나 분명하고 간결하게 전달하느냐에 전적으로 달려 있다.

☑ 일반적인 총평으로 시작했나?

직원들을 계속 초조하게 만들 이유는 없다. 먼저 개괄적이면서도 목표와 밀접하게 연관된 분명한 요점으로 시작하라. 이런 식이다.

● 예시 1

"김 대리, 자네의 업무는 전반적으로 효과적이었고, 업계에서 새로운 시장을 발굴해 내는 데 도움이 되었(다고 나는 생각하)네."

이렇게 시작하면 곧바로 서먹한 분위기를 누그러뜨리고 직원을 편안하게 해 줄 것이다. 만일 전할 말이 대체로 부정적이라면, 그 요점과 그것이 목표에 미치는 영향만 명확하게 말하라.

● 예시 2

"김 대리, 자네의 업무는 전반적으로 우리 기대에

미치지 못했네. 그러니 이 기회에 업계의 새로운 시장을 발굴하는 일에 관한 자네의 접근법과 생산성을 향상시킬 방안을 의논해 보세."

☑ 직원의 단점을 분명하게 지적하고 실례를 들었나?

단점을 이야기하고 개선 방안을 제안할 때는 반드시 실례를 들어야 한다. 이 시간은 예전 과오를 다시 들춰내 비난하는 기회가 아니다. 또한 당신의 의도는 직원의 수행 능력을 향상시키는 데 있지, 논쟁을 일으키는 데 있지 않다. 만일 직원이 방어적인 자세를 취한다면 당신의 목표를 분명하게 밝혀라.

● 예시 3

"무슨 말인지 잘 들었고 자네의 관점도 알겠네. 하지만 지금 내 목적은 우리가 어떻게 하면 가장 바람직하게 나아갈 수 있는지에 초점을 맞추는 것이네."

☑ 개선 방안을 추천해 줬나?

앞에서도 말했듯이, 내가 좋아하는 상사 중 한 명은 직원들에게 절대로 해결책 없이 비판을 가하지 못하게 했다. 이 규칙은 직원회의 때 도움이 되는 만큼 직원 평가에도 매우 유익하다. 해결책은 때로 당신의 경험에서 나올 테고, 때로는 인사부나 개발부서에서 나올 것이다. 때로는 직원과의 브레인스토밍에서 나오기도 한다.

개선 방안을 추천하는 것은 요점을 전달하는 일과 밀접하다. 이제 당신도 알겠지만, '나는 추천한다'고 말하는 것만으로도 강력한 요점을 제기하게 돼 있기 때문이다.

시나리오 7.
콘퍼런스 패널

당신이 어느 정도 성공하거나 유명한 인사라면, 또는 어떤 행사 기획자와 링크드인 친구이기만 해도 머지않아 콘퍼런스 패널로 앉아 달라는 요청을 받게 될 것이다.

어떤 이들은 패널이 발표자보다 쉽다고 생각한다. 하지만 온갖 복잡한 역할을 떠올려 보면 그렇지도 않다. 요점 주장하랴, 즉석에서 날아드는 질문들에 대답하랴, 박식해 보이면서도 생각이 열려 있는 듯 보이라, 다른 패널들과 사회자, 청중과도 편안하게 소통하랴, 이야기를 너무 많이 하지도, 적게 하지도 않게 경계를 지키랴….

발표자와 마찬가지로, 토론자도 핵심을 얼마나 잘 찾아내고 전달하느냐에 따라 성패가 좌우된다. 만일 요점을 팔지 못한 채 토론회가 끝난다면 당신은 거기 가지 않은 것만도 못한 셈이 된다. 토론 시간 동안 무슨 일이 벌어지든 당신의 임무는 그곳에 간 목적을 기필코 달성하는 데 있다. 사회자가 부적절한 질문을 던지든, 청중이 싸울 태세로 반응하든, 다른 토론자가 혼자만 돋보이려고 술수를 부리든 이겨 내라.

이 모든 가변적인 요소 때문에 준비는 필수다. 그런데도 사람들은 흔히 준비를 소홀히 여긴다.
'즉석에서 하면 되지.'
이렇게 생각하면서 일부 토론자는 전문 기술과 지

식만으로 충분하다고 착각한다. 이런 이들은 폭삭 망한다. 자주.

다음 체크 리스트가 당신이 패널로 앉아 있는 동안 요점을 벗어나지 않도록 도울 것이다.

☑ 요점을 미리 준비했나?

절대로 대책 없이 들어가지 마라. 당신의 전문 분야와 콘퍼런스 주제에 연관된 요점을 미리 두세 가지 준비하라. 이 요점들이 어떻게 청중에게 실질적으로 도움이 될 수 있을지 고민하고 설명하라. 그리고 '알리고 싶은 것'보다 '알아야 할 것'에 초점을 맞춰라.

상황이 허락되면 이 요점들을 사회자에게 미리 귀띔해 줘서 그가 당신에게 적절히 질문을 던지도록 하라. 사회자도 당신이 내용 실한 요점을 제시할 수 있을지에 관심이 많다.

☑ 내가 누구에게 대답하는지 알고 있나?

달리 안내를 받지 않은 한, 항상 질문을 제기한 사람에게 대답한다. 사회자가 한 질문은 사회자에게 돌려주고, 토론자가 한 질문은 토론자에게 돌려준다. 또 청중의 질문은 청중에게 돌려준다.

물론 당신의 피드백 내용 중 특별히 청중에게 해당되는 가치를 제안해야 한다면 청중에게 할애할 수 있다. 그렇더라도 도입과 맺음말은 질문을 제기한 사람에게 초점을 맞춰야 한다.

☑ 참석자의 이름을 모두 알고 있나?

사회자와 다른 패널들의 이름을 외워서 자주 사용하라. 동료와의 협력 관계는, 설사 그 관계가 가짜라 해도 자신감이 넘치는 편안한 모습으로 비친다. 하지만 모험을 하지는 마라. 다른 토론자를 엉뚱한 이름으로 부르는 것은 연인의 이름을 잘못 부르는 것과 같다. 다시 말해 그런 실수를 저질렀다 하면 당신의 신뢰도는 끝장나기 십상이다. 그때는 당신의 훌륭한 요점들조차 어쩌지 못한다.

☑ 요점을 뒷받침할 데이터를 머릿속에 넣고 있나?

청중은 패널로 등장한 당신에게 어떻게 신뢰를 느낄까?

❶ 콘퍼런스 프로그램이나 사회자가 인정해 주는 당신의 자격.

❷ 당신 자신에게 달려 있는 훌륭한 요점.

❸ 요점을 뒷받침하는 데이터.

이 세 번째 요소를 운에 맡기지 마라. 데이터, 사례 연구, 그리고 구체적인 사례들을 머릿속과 수첩에 넣어 두고, 언제든 꺼내서 명쾌하게 요점과 연결 지을 준비를 해 둬라. 이 같은 표현보다 더 청중의 주목을 받는 말도 드물다.

"이 사례 연구에서 우리가 배운 사실은…"

☑ 불쑥 끼어들 준비가 됐나?

초기에 요점을 피력하지 못하면 약간의 전투가 필요할 수 있다. 콘퍼런스를 아이들 철자 시합보다는 디너파티에 가깝게 생각하라. 차례는 중요하지 않다는 뜻이다. 자연스럽게 끼어들 수 있는 연결 어구를 활용하면 좋다. 이를테면 이런 표현들이다.

"사라의 요점을 전제로 한다면…."
"제이콥이 말했던 부분으로 돌아가고 싶은데요."
"제가 청중께서 기억하기를 바라는 요점은…."

명심하라. 요점을 피력하지 못한 채 토론회가 끝난다면 당신이 무슨 말을 했든 이미 물 건너갔다.

☑ 전략적인 이야기를 꺼냈나?

발표를 할 때처럼 토론자로 참석할 때도 관련 있는 개인적인 이야기는 요점을 구체적으로 예증하고 더욱 깊은 공감을 불러일으키게 돕는다. 더 개인적일

수록 좋다. 그렇더라도 이야기는 당신이 요점과의 관련성을 명확하게 규명할 때만 가치가 있다는 사실을 명심하라.

☑ **내 요점을 주장하고 있나, 상대의 요점을 논박하고 있나?**

대화가 잘못된 길로 들어서면 그 토끼 굴로 따라 내려가지 마라. 그럴 때는 연결 어구를 활용해 대화의 흐름을 당신의 요점으로 되돌려야 한다.

"그 점은 중요한 사안이지만, 핵심 요점을 기억합시다. …가 …하다는 것을요."

"그렇군요. 하지만 제 요점은 …가 …하다는 것입니다."

"이 문제에 대해서는 많은 논의가 진행돼 왔습니다. 하지만 중요한 것은 말이죠, …가 …하다는 점입니다."

만일 누가 공격하면 당신의 요점을 옹호하거나 다시 진술하라. 발끈하거나 상대의 요점으로 옥신각신하면서 시간을 낭비해서는 안 된다.

기억하기를 바란다. 전투적으로 덤벼들면 청중에게는 흥미진진한 볼거리다. 하지만 당신이 신뢰를 얻고 요점을 성공적으로 전달하는 데는 무조건 손해나는 장사다.

☑ 청중에게 존중을 표시하고 있나?

패널 토의의 청중은 마치 연인이 그렇듯이 패널에게 인정받고 싶어 한다. 하지만 토론자가 관중에게 꽃과 초콜릿으로 아부할 수는 없는 노릇이다. 다음은 청중이 스스로 의식하든 못하든 받으면 좋아하는 선물들이다.

❶ 찬사를 보낸다.

"좋은 질문이에요!"

❷ 질문을 고쳐 말해 준다.

"그러니까 당신의 질문은…."

❸ 나중에 언급해 준다.

"이 점은 아까 관중석에서 제기하신 …라는 질문과 연결됩니다."

❹ 중요한 정보를 제공한다.

"여기 여러분이 아셔야 할 사항이 있습니다."

보너스 점수를 얻으려면 당신의 요점에 유익한 조언 하나를 덧붙이면 좋다. 청중은 항상 값어치 있는 것들을 가져가고 싶어 한다. 그러니 청중의 입장에서 WIIFM에 집중하라.

'그래서 나한테 돌아오는 게 뭔데?What's in it for me?'

훌륭한 WIIFM은 이런 식으로 시작한다.

"여기에서 여러분에게 한 가지 추천하겠습니다. 일단 돌아가고 나면…."

☑ **완전한 문장으로 말하고 있나?**

완전한 문장으로 대답하면 여러 가지로 이롭다. 우선 질문을 듣지 못한 사람들에게도 당신의 요점을 정확히 알려 준다. 또한 말하는 동안 대답을 완벽하게 구상할 시간을 벌어 주고, 당신의 생각을 리액션이 아닌 요점으로 포장하는 데도 도움이 된다.

● **예시**

질문:

"밥, 당신은 소셜 미디어가 우리의 민주주의를 발전시켰다고 생각하나요?"

밥의 변변찮은 답변:

"네, 그렇습니다. 지난 대선 때 얼마나 활발했었는지만 봐도 알 수 있죠. 사실 저희 회사에서는 탁월한 소셜 미디어 플랫폼을 구축해 뒀답니다."

밥의 더 나은 답변:

"네, 저는 소셜 미디어가 우리의 민주주의를 발전시키는 저력을 지녔다고 확고하게 믿습니다. 지난 대선 때 SNS상의 대화들이 얼마나 활발했었는지만 봐도 알 수 있죠. 저희 회사의 '그린푸들 디지털'에서 이미 탁월한 대화형 포럼을 구축했습니다. 그래서 중요한 아이디어들을 교환하도록 장려하고 있답니다."

☑ **내가 답변을 하고 있나, 리액션을 하고 있나?**

답변은 특정 의견으로 지식 격차를 메우기 위해 세심하게 진술된 요점이다. 이렇게.

"내 생각은 이렇습니다."

반면 리액션은 좀 더 즉흥적인 대답으로, 때로 감정적으로 치닫고 방어적이 된다.

"아니요, 그건 전혀 사실이 아니죠!"

자동 반사적으로 리액션하지 않도록 노력하라. 사회자와 청중은 충돌과 열기를 바랄지도 모른다. 하지만 당신의 임무는 사려 깊은 요점을 공들여 전달하는 데 있다. 더 차분하고 침착할수록 임무를 수행하기는 더 쉬워질 것이다.

☑ 내 모습을 자각하고 있나?

청중이, 어쩌면 카메라도 줄곧 당신을 보고 있다는 사실을 명심하라. 패널로 앉아 있는 동안에는 흥미를 느끼는 표정을 짓고 다른 이들이 제기한 좋은 의견에 고개를 끄덕여라. 만약에 엄마가 청중석에 앉아 있다면 창피해할 만한 어떤 행동도 해서는 안 된다. 엄마 말이 나왔으니 말인데, 엄마가 늘 하는 당부가 여기에도 해당된다.

큰 소리로 말해라 / 똑바로 앉아라 / 다른 사람이 말할 때 떠들지 마라 / 얼굴을 만지지 마라

나는 누구든 자기가 두려워하는 일을 꾸준히 해 나간다
면 그 두려움을 이길 수 있다고 생각한다.

앨리너 루스벨트 Eleanor Roosevelt

나가는 말

이 책의 맨 앞에 인용했던 아인슈타인의 명언으로 돌아가 보자.

"단순하게 설명할 수 없다면 아직 잘 모르는 것이다."

아인슈타인은 생각에 강력한 힘이 있음을 알았다. 그리고 이제 당신도 안다. 하지만 그 힘은 당신이 전략적으로 쓰기 전까지는 그저 잠재력에 불과하다. 이 말은 당신이 그 '생각'이라는 것을 철저하게 이해해야 한다는 뜻이다.

많은 사람이 의사소통에서 요점을 전달할 수 있는 잠재력을 제대로 발휘하지 못한다. 분명한 요점이 아닌 막연한 발상을 가지고 시작하기 때문에, 생각을 강력하게 팔지 못하고 힘없이 공유하기 때문이다. 자신의 생각을 적극적으로 관철시키는 챔피언들은 사람의 마음을 흔들고, 자극하고, 결국 차이를 만든다. 역사는 이 점을 거듭 증명한다.

"요점이 없으면 당신이 하는 모든 말은 횡설수설일 뿐이다."

나는 방향만 잘 잡으면 누구라도 말하기 챔피언이 될 수 있다고 생각한다. 그러니 부디 요점을 잘 정리하시기를. 그리고 이 책에 담긴 전략들을 당신이 성공을 비는 사람과 함께 나누기를 바란다.

핵심만 콕 짚어 강력하게 말하는 법
요점만 말하는 책

1판 1쇄 2018년 3월 7일
1판 7쇄 2024년 5월 27일

지은이 조엘 슈월츠버그
옮긴이 곽성혜
펴낸이 유경민 노종한
책임편집 이현정
기획편집 유노북스 이현정 조혜진 권혜지 정현석 **유노라이프** 권순범 구혜진
　　　　 유노책주 김세민 이지윤
기획마케팅 1팀 우현권 이상운 **2팀** 이선영 김승혜 최예은
디자인 남다희 홍진기 허정수
기획관리 차은영
펴낸곳 유노콘텐츠그룹 주식회사
법인등록번호 110111-8138128
주소 서울시 마포구 월드컵로20길 5, 4층
전화 02-323-7763 **팩스** 02-323-7764 **이메일** info@uknowbooks.com

ISBN 979-11-86665-87-9 (03190)

- ─ 책값은 책 뒤표지에 있습니다.
- ─ 잘못된 책은 구입한 곳에서 환불 또는 교환하실 수 있습니다.
- ─ 유노북스, 유노라이프, 유노책주는 유노콘텐츠그룹의 출판 브랜드입니다.